Innenwelten

Gespräche mit Psychologen

Herausgegeben von Heiko Ernst

WILHELM HEYNE VERLAG
MÜNCHEN

HEYNE SACHBUCH
Nr. 19/5016

Der erste Teil des Buches erschien unter dem Titel
Der innere Kosmos – Gespräche mit Psychologen
im Heyne Sachbuchprogramm (19/5012)

Taschenbuchausgabe
im Wilhelm Heyne Verlag GmbH & Co. KG, München
Copyright © 1991 by Beltz Verlag, Weinheim und Basel
Printed in Germany 1994
Umschlaggestaltung: Atelier Adolf Bachmann, Reischach
Herstellung: H + G Lidl, München
Satz: Fotosatz Völkl, Puchheim
Druck und Verarbeitung: Druckhaus Beltz, Hemsbach

ISBN 3-453-07826-8

Inhalt

Vorwort des Herausgebers

In diesem Buch kommen Psychologen zu Wort, die unser Wissen über menschliches Erleben und Verhalten in besonderem Maße erweitert haben. Ihre Arbeit zeichnet sich nicht nur durch Originalität und wissenschaftliche Schubkraft aus, sondern vor allem durch jene nach innen gewandte, kreative Neugier, die das Merkmal jedes Psychologen sein sollte. Die schon von den antiken Philosophen geforderte Selbsterkenntnis ist ein psychologisches Projekt, das für sich genommen bereits hohe Ansprüche an Ehrlichkeit, Genauigkeit und Kreativität stellt. Wenn dieses Motiv sich – wie bei den in diesem Buch Interviewten – verbindet mit dem ausgeprägten Willen, nicht nur die Rätsel und Abgründe des »inneren Kosmos«, der menschlichen Psyche, zu erhellen, sondern auch Hilfen und Problemlösungen anzustreben, dann gebührt der Psychologie wahrlich das Etikett »Human-Wissenschaft«. Humanität nicht als abstraktes Ideal, sondern als übergeordnetes Ziel: Weil dies in ihrem Denken und Arbeiten spürbar wird, besitzen die Erkenntnisse der in diesem Buch versammelten Psychologen eine Ausstrahlung weit über ihr akademisches Fach hinaus.

Die folgenden Gespräche sind zwischen 1974 und 1991 in der Zeitschrift *Psychologie Heute* erschienen. Diese Zeitschrift ist die einzige deutschsprachige Publikation ihrer Art, ein populäres Wissenschaftsmagazin, das psychologisches Wissen einem breiten Publikum verständlich und zugänglich macht. Die Auswahl der Gesprächspartner für diesen Band erfolgte unter dem Gesichtspunkt der zeitüberdauernden Gültigkeit ihrer Forschungsergebnisse und Erkenntnisse. Ich bedanke mich bei meinen Journalisten-Kolleg(inn)en Daniel Goleman, Elizabeth Hall, Mary Harrington Hall, Sam Keen, Ursula Nuber, Rüdiger Runge und Carol Tavris für ihre Mitarbeit an diesem Buch.

Heiko Ernst

»Es gibt ein umfassenderes Bewußtsein, von dem das individuelle nur ein Teil ist«

Gregory Batesons Denken zielt auf die »Strukturen hinter den Strukturen« – auf jene Prozesse also, die die Beziehung des Ganzen zu seinen Teilen regeln. So wendet sich das Denken auf sich selbst zurück. Gleichzeitig wird sichtbar, wie unsinnig unsere Einteilung der Welt in säuberlich getrennte Kategorien ist. Erst der Kontext macht aus einzelnen menschlichen Handlungen verständliche und so veränderbare Verhaltensweisen.

Gregory, du hast gesagt: »Die Denkweisen des 19. Jahrhunderts gehen rapide ihrem Bankrott entgegen.« Was meinst du damit?

Wir neigen dazu, in abstrakten Größen zu denken, doch diese zeichnen ein falsches Bild von der wirklichen Welt. Dieser Irrtum erhielt durch die industrielle Revolution im 18. Jahrhundert ungeheuren Auftrieb. Die Naturwissenschaft ließ sich von der Idee leiten, Quantitäten seien gute und zutreffende Kriterien. Dann verfiel sie in den Fehler, Zahlen für Quantität zu halten. Man schwört auf die Statistik, die mit Zahlen so umgeht, als wären es Quantitäten. In Wirklichkeit haben Zahl und Quantität verschiedene logische Ursprünge. Zahlen sind diskret, sie sind exakt: 1, 2, 3, 4, 5, 6 ist nicht gleich 7. Quantitäten sind stets Annäherungen. Einen Liter Wasser kann man nie genau abmessen. Man bekommt immer einen Liter plus oder minus irgendeinen Fehler, denn in jedem Augenblick verdunsten ein paar Wassermoleküle. Wir westlichen Menschen denken transitiv: Etwas wirkt auf etwas anderes, etwas ist dem anderen gleich oder ungleich. Dabei sind das nur Teile eines ganzen Systems. Unsere Sprache – und damit unser Denken – ermöglicht uns nur eine lineare und keine zirkuläre Auffassung.

Doch unsere geistige Welt ist voll von Transitiva, von Werten. Etwas ist besser oder wertvoller oder kostbarer als das andere.

Weniger Sauerstoff kann »besser« sein als mehr. Alles hängt von der Situation ab.

Aber ist das Leben eines Menschen nicht wertvoller als das eines Tieres?

Wen kümmert das schon? Die Sache läuft auf ein erkenntnistheoretisches Problem hinaus: *Wie können wir das wissen, was wir wissen?* Die westliche Welt fängt damit an, daß sie aufspaltet, Grenzen zieht und diese dann befestigt. Und dann reden wir uns ein, wir hätten etwas erkannt. Die Befestigung der Grenzen ist etwas sehr Bequemes, sie ermöglicht es uns, über unsere Erfahrung hinwegzugehen. Wenn ich mein Bewußtsein von meinem Körper abtrenne, dann kann ich alles vom Tisch wischen, was mir widerfährt, alle meine Gefühle und meine

Gedanken. Das ist der Trick: Wenn ich einmal die Spaltung vollzogen habe, dann kann ich sagen: Mein Bauchweh ist bloß etwas Psychisches, und wenn ich mich verliebe, kann ich sagen: Das ist bloß etwas Physisches. Weil wir transitiv denken, bekommen wir das ganze System überhaupt nicht in den Blick. Wir sagen, etwas wirkt auf etwas anderes: »Der Hund jagt den Hasen.« Aber wenn man sagt: »Hund-jagt-Hasen«, dann ist man auf dem Wege zu einer ganz anderen Vorstellung.

Oder man könnte sagen: »Hase-läuft-und-Hund-hinterdrein.«

Natürlich, so wird es besser ausgedrückt. Der Hase könnte ja alles in Gang gebracht haben. Wenn er nicht losgelaufen wäre, dann wäre der Hund wahrscheinlich nicht hinterhergelaufen. Immer ist so ein verflixter Zirkel im Spiel.

Warum klammern wir uns an diese »bankrotten« Denkweisen?

Weil sie es uns erlauben, habgierig zu sein. Mehr ist immer besser als weniger – das ist das Credo der Habgier. Aber biologisch stimmt das nie. Es gibt immer einen Optimalwert, jenseits davon wird alles toxisch, sei es nun Sauerstoff, Schlaf, Psychotherapie oder Philosophie. Doch wir mißachten diese Grenzen, weil sich die Habgier verselbständigt hat. Biologische Variablen brauchen immer ein Gleichgewicht. Doch wir wirtschaften herum und treiben sie über das Gleichgewicht hinaus und über die Werte, von denen aus noch eine Rückkehr zum Gleichgewicht möglich ist.

Unersättliche Habgier macht uns blind dafür, daß wir alle in einem Boot sitzen. Wenn ich dafür bezahlt werde, daß ich dich gelegentlich beklaue, dann muß ich sehen, daß du am Leben bleibst, damit ich dich noch öfter beklauen kann. Wir befinden uns alle in einem Gleichgewicht. Jede Beziehung, sei es Liebe, Haß, Abhängigkeit, Konkurrenz oder was auch immer, ist etwas Dynamisches, sich wechselseitig Vorantreibendes. Bist du von mir abhängig, so werde ich das belohnen, und du wirst noch abhängiger, und das belohne ich noch mehr, und wir fühlen uns beide prima.

Marx behauptet nun, diese dynamischen Beziehungen, die aus dem Gewinnstreben entspringen, führten in den Abgrund. Das Problem ist nur: Er hat damit nicht recht.

11

Verkennt der Kommunismus, ähnlich wie andere Theorien, das Gesamtsystem?

Genau. Der Kapitalismus allerdings auch. Freilich ist der Kapitalismus, entgegen der Marxschen Voraussage, noch nicht zugrunde gegangen. Doch beide Systeme, Kommunismus wie Kapitalismus, haben sich ihre eigene »Hölle« geschaffen. Beide schleppen sich mehr schlecht als recht dahin, aber keines berücksichtigt das Gesamtnetz der menschlichen Beziehungen. Beide Sichtweisen sind beschränkt, wir brauchen eine umfassendere.

Wenn es tatsächlich ein Gesamtsystem gibt und man keinen Teil herausnehmen und in den Vordergrund stellen kann, ohne dem Ganzen Abbruch zu tun, was wird dann mit uns passieren?

Du meinst, ob ich den Menschen für eine gefährdete Spezies halte? Ja, das tue ich. Die größeren Arten scheinen in der Reihenfolge der Gefährdung als erste vom Aussterben bedroht zu sein – wie der Wal zum Beispiel und die afrikanischen Großsäuger. Wir stehen auf dieser Liste etwa an der zehnten Stelle.

Welche Anzeichen gibt es für diesen drohenden Untergang?

Da muß man nicht lange suchen. Warst du in letzter Zeit in New York? In weiten Bereichen sieht man einen verlassenen Straßenzug nach dem anderen – die Häuser sind verkommen. Aber vielleicht gehört auch das zu einem natürlichen Zyklus. Letzten Endes existieren wir dank der Begrenztheit des Individuums. Es ist sehr wichtig, daß ich sterbe: wichtig für dich.

Wieso?

Nun, wenn ich weiter rumlaufe, dann schreibe ich weiter Bücher und male Wandtafeln voll, und schließlich könntest du und könnte niemand sonst mehr eine Wandtafel vollmalen. In Neuguinea sagen sie: »Die Scheiße würde bis in Fußbodenhöhe steigen.« Das ist die Moral ihres Mythos über den Ursprung des Todes. Du mußt wissen, die Menschen, die ich in Neuguinea untersucht habe, wohnen in Stelzenhäusern ungefähr zweieinhalb Meter über dem Boden. Wenn jemand in der

Nacht raus muß, vor allem wenn es regnet, dann macht er ein Fußbodenbrett locker, kauert sich über die Öffnung, erleichtert sich und legt sich wieder schlafen. Nach dem Mythos waren die Menschen unsterblich, bis schließlich die Scheiße unter den Fußboden gestiegen war. Da fanden sie, daß man den Tod brauche. Es ist allerdings etwas anderes, ob sich ein Individuum oder eine Gesellschaft oder Art selbst Schranken setzt.

Du meinst also, unsere Weltsicht – unsere Blindheit gegenüber den Zusammenhängen – schafft unserer Gesellschaft oder womöglich unserer Art die Grenzen? Gibt es irgendeinen Grund für die Annahme, wir könnten überleben?

Das ist doch bloß unser eigener Wunsch, daß wir überleben. Die übrige Welt würde gewiß aufatmen, wenn wir weg wären. Ein paar Bandwürmer würden vielleicht sagen: »Du lieber Gott, was sollen wir jetzt machen?« Aber alles übrige würde ein neues Gleichgewicht erreichen.

Wie bist du darauf gekommen, daß eine umfassendere Sichtweise notwendig ist?

Im Laufe der Jahre habe ich mich in eine »Position« manövriert, in der mir herkömmliche dualistische Aussagen über die Beziehungen zwischen Körper und Geist – die Dualismen Darwins, der Psychoanalyse und der Theologie – absolut unverständlich sind.

Aber diese Dualismen stecken tief in unserer Alltagswirklichkeit. Wie hast du es geschafft, diese Beschränkungen unseres Denkens zu überwinden?

Ich beschäftige mich schon sehr lange mit diesen Erkenntnissen. Schon mein Vater war geistig ziemlich unabhängig. Ihm war zu seiner Zeit gar nicht klar, wie unabhängig – und er hätte es auch gar nicht wahrhaben wollen.

Er hat sich schon in den 90er Jahren des letzten Jahrhunderts mit dem befaßt, was später zur Genetik geworden ist. Ja, er hat sogar diesen Begriff geprägt, zu einer Zeit, als Mendels Leistung noch nicht richtig erkannt worden war. Er beschäftigte sich mit der Genetik von Mißbildungen – mit fünfbeinigen Kälbern, Käfern mit doppelten Gliedmaßen und ähnlichem. Die ganze Zeit war er auf der Suche nach Strukturen. *Strukturbewußtsein* ist einer der Hauptpunkte. Er wußte es sicher nicht, und er konnte sich ja auch gar nicht das sagen, was ich gerade gesagt habe. Mich hat sein Werk allerdings zunächst einmal auf die falsche Fährte gebracht.

Etwas Positives kristallisierte sich bei mir erst viel später heraus, nach dem Zweiten Weltkrieg, als ich die Sitzungen der *Macy Foundation* besuchte – auf denen die Gruppe um Norbert Wiener die Kybernetik entwickelte. Danach konnte ich deutlicher die Eigenschaften ganzer Systeme erkennen, die ineinander verschränkten Strukturen, die die Dinge verknüpfen. Ich begann, über jenes umfassendere Wissen nachzudenken, das die Seesterne und die Seeanemonen und die Wälder und genauso Gruppen von Menschen zusammenhält.

Es begann mir aufzugehen, daß die althergebrachten erkenntnistheoretischen Ideen – besonders die Erkenntnis über den Menschen – der Abklatsch einer veralteten Physik sind und unbrauchbar für das wenige, das wir über Lebewesen wissen. Diese Theorien vom Menschen, die von seiner tierischsten, fehlangepaßtesten und verrücktesten psychischen Seite ausgehen, sind unrealistische Ausgangsvoraussetzungen zur Beantwortung der Frage des Psalmisten: »Herr, was ist der Mensch?«

Einfach falsche Erkenntnistheorie. Und diese Enge läßt uns die Struktur nicht erkennen, die alles zusammenbindet.

Die Struktur, die alles zusammenbindet?

Die Struktur, die alles verbindet, ist eine »Metastruktur«, eine Struktur der Strukturen. Sie wird öfter verkannt als erkannt. Außer in der Musik ist uns beigebracht worden, Strukturen als etwas Festes zu denken. So ist es natürlich einfacher, aber das ist alles Unsinn. In Wirklichkeit muß man sich die alles verbindende Struktur als einen Reigen interagierender Teile vorstellen, der erst in zweiter Linie durch verschiedenartige physische Bedingungen, durch die Gewohnheit der Organismen sowie durch die Benennung von Zuständen und Bestandteilen eingeschränkt ist.

Heißt das, daß jede Theorie des menschlichen Verhaltens mit bestimmten theoretischen Größen, die in bestimmter Beziehung zueinander stehen, den Reigen erstarren läßt und damit an den umfassenderen Strukturen, die alles verknüpfen, vorbeigeht? Daß zum Beispiel das Freudsche Es-Ich-Überich und das behavioristische Reiz-Reaktions-Schema immer nur ein enger Ausschnitt aus etwas viel Umfassenderem sein kann?

Genau das heißt es!

Wir beschäftigen uns ja damit, wie die Menschen Interaktionen, Einstellungen, Überzeugungen, Rollen strukturieren.

Ja, aber die Verhaltenswissenschaftler pflegen nach Quantitäten zu suchen und verfehlen damit die Strukturen, um die es eigentlich geht.

Irgendein Detailwissen – über das Paarungsverhalten der Langusten, die Prüfungsangst bei Studenten des zweiten Studienjahres oder das Wählerverhalten der jüdischen Stadtbevölkerung – vermittelt keine Ahnung davon, welche Rolle dieses Verhalten in einem größeren Ganzen spielt.

Richtig. Es führt zu jenem Pseudoverstehen sozialer Erscheinungen, das ich das »einschläfernde« nenne, nach Molière. Am Schluß seines Stückes »Bürger als Edelmann« gibt es eine Szene, in der eine Gruppe mittelalterlicher Gelehrter einen Kandidaten examiniert. Man fragt ihn: »Kandidat, warum schläfert das Opium die Menschen ein?« Und er antwortet triumphierend: »Weil es, gelehrte Herren, ein einschläferndes Prinzip enthält.«

Und das heißt: Weil es die Menschen einschläfert.

Ja. Aber alle applaudieren ihm und sagen, das sei die richtige Antwort. Wenn man sich nun einmal die Erklärungen ansieht, die einem in der Psychologie angeboten werden, so findet man, daß sehr viele von dieser »einschläfernden« Art sind. Die Aggression wird durch den Aggressionstrieb »erklärt« und so weiter.

Diese Erklärungsart geht davon aus, daß die Ursache einer Verhaltensweise ein abstrakter Begriff ist, der von der Bezeichnung des Verhaltens abgeleitet wird.

Welche andere Möglichkeit gibt es?

Also, beim Opium muß man sich um die Beziehungen zwischen der Substanz und dem Patienten kümmern und um die biochemische Interaktion. Darum geht es: Um die Beziehung.

Nimm mal zwei Menschen, A und B, in einer Beziehung. Manche Psychologen nehmen vielleicht zunächst den A und sagen, er befinde sich in einer unterwürfigen Rolle, und dann den B, der befindet sich in einer überlegenen Rolle. Aber eine solche Rolle ist eben nur eine Seite der Medaille; die andere Seite ist die andere Person in der Beziehung.

Alle Typologien sind irreführend. Sie sind nichts als Listen von Teilaspekten. Von der Typologie muß man immer zu dem Prozeß, dem Vorgang selbst, vorgehen. Die beschreibende Sprache der Psychologie verwendet Wörter wie »Spiel«, »Verbrechen«, »Neurose«. Das sind keine Bezeichnungen für bestimmte Verhaltensweisen, sondern für Organisationsformen des Verhaltens. Es sind Organisationsstrukturen, und ihre einzelnen Bestandteile sind nicht die Strukturen selbst. Es hat keinen Sinn, jemanden für ein einzelnes Verhaltensmuster, den Bestandteil einer Struktur, zu bestrafen, der da »Kriminalität« heißt. Das löst ihn nicht aus dem Muster heraus. Er wird nur versuchen, sich geschickter in dieses Muster einzupassen, damit er nicht erwischt wird. Seit Jahrtausenden versucht man, Bruchstücke von Strukturen zu bestrafen. Wann immer eine Typologie vom Menschen aufgestellt wird, muß man weitergehen und nach den sozialen Vorgängen und den Lernzusammenhängen fragen, die diese Typologie bestimmen oder erklären. Und damit ist man wieder bei Bertrand Russell und Alfred North Whitehead. Der Fehler der Psychiater ist, daß sie ihren Whitehead und ihren Russell nicht lesen. Sie haben die Grundfragen der Erkenntnistheorie aus den Augen verloren.

Du meinst, die Psychiater machen Annahmen über Menschen, die nichts mit der Wirklichkeit zu tun haben?

Sie haben sich festgefahren in einem falschen Modell, einem physikalischen Kraftmodell. Das klinische Phänomen wird als ein (»einschläfernder«) Gegenstand im Inneren des Patienten gesehen, der ihn anstößt und umtreibt. Sie wollen nicht sehen, daß die Benennung eines Phänomens noch keine Erkenntnis ist. Die Landkarte ist nicht das Gelände.

Was bedeutet das für eine Therapie?

»Sie müssen Ihre Aggressionen beherrschen«, sagt der Therapeut indirekt dem Patienten. Das ist genausoviel wert wie die Mahnung an einen Alkoholiker, er solle seinen Alkoholismus in den Griff bekommen. Das hat keinen Bezug mehr zu dem vorliegenden System. Es führt zu vielen arztinduzierten Leiden, zur Verschlimmerung der Krankheit als Folge der ärztlichen Tätigkeit und nicht als Folge der Krankheit selbst. Leiden ist das unausweichliche Ergebnis von Aktivität, die mit Unwissenheit verbunden ist. Man nehme die Geschichte der Psychiatrie. Metrazol, Insulin, Lobotomie, Elektroschock-Therapie und die allgemeine Menschenverachtung haben das menschliche Leid nur vergrößert, das der Begriff »Schizophrenie« auslöst. Die heutige Lösung – chronische chemotherapeutische Intoxikation – ist nicht das letzte Wort.

Deine Geschichte von der Scheiße, die bis unter den Fußboden steigt, deutet darauf hin, daß du das Leben und sein natürliches Ende nicht ganz so siehst wie die Medizin.

Vor einem Monat war ich in der Klinik, und es zeigte sich, daß ich einen »inoperablen« Krebs habe. Man empfahl mir Strahlentherapie, und ich lehnte ab. Schließlich bin ich 73. Sie haben mir keinen Zeitpunkt genannt, aber mit 73 ist mein Wert nach drei Jahren auch ohne Krebs nicht besonders hoch. So oder so geht alles mal zu Ende. Vielleicht werde ich 80 und bin dann zu nichts mehr nütze, aber im wesentlichen ist die Sache gelaufen. Das Drama, das die Mediziner um den Krebs eines 73jährigen machen, geht mich nichts an.

Die Warnungen der Ärzte veranlassen mich mit meinen 73 nur zu etwas mehr Disziplin. Mein Verleger ist seit Jahren hinter mir her, daß ich das Buch zu Ende bringen soll, an dem ich arbeite – eine neue Sicht der Evolution. Es ist nicht recht vorangekommen. Aber jetzt lehne ich jede Einladung ab, damit ich dieses Buch noch fertigschreiben kann.

Was ergibt sich aus deiner neuen Sicht der Evolution?

Es geht um die formale Analogie zwischen biologischer Entwicklung und schöpferischem Denken oder Lernen. Die Biologen wissen etwas über die Ko-Evolution von Pflanzen und Schmetterlingen, oder von Weideland und Huftieren. Das ist eine Seite der Sache. Aber es gibt auch eine Ko-Evolution der Denkströmungen. Etwa zwischen der Evolutionstheorie und der Kirche, die sich in ihrer Entwicklung aneinander orientieren und aufeinander reagieren.

Hat man einmal die historischen Ursprünge des Darwinschen Denkens erkannt, so ist man nicht mehr an die Gestalt Darwins gefesselt. Ich glaube, meine größte Meinungsverschiedenheit mit ihm ist diese: Ich sehe zwei stochastische Prozesse in der Evolution, während Darwin nur einen sah.

Augenblick mal. Erkläre bitte, was du mit »stochastisch« meinst.

Also schön. Es kommt von dem griechischen Wort für Bogenschießen nach einem Ziel. Ein stochastischer Prozeß enthält eine zufällige, nicht vorhersagbare Komponente, ähnlich wie die Streuung der verschossenen Pfeile, und davon wird eine Teilmenge ausgewählt – nur die Pfeile, die das Ziel getroffen haben, zählen und überdauern das Spiel.

Und die Evolution enthält zwei solche Prozesse?

Ja, sie laufen getrennt und kommen erst in der Gesamtevolution zusammen. Da ist einmal der Zufallsvorgang der genetischen Variation innerhalb des Organismus, bei der einige Ausformungen bestehen bleiben, weil sie innerhalb des Organismus tolerabel sind. Das entscheidet über die Erhaltung von Formen, die wir homolog nennen. Und dann gibt es den anderen stochastischen Prozeß, bei dem die äußere Anpassung an die Umwelt das Haupterfordernis ist. Lernen, somatische Veränderung, Akklimatisierung gehören dazu. Es sind also zwei Kräfte, die die Dinge gestalten – eine innerhalb des Organismus, eine aus der Umwelt. Für die Darwinisten ist der Hauptgesichtspunkt für die Auslese bei der Entwicklung die Umweltanpassung. Sie sehen nicht die inneren Mechanismen, die eine optimale Anpassung herbeiführen.

Was wäre ein Beispiel für diese Verhältnisse in der Evolution?

Dan G. Freedman hat die beste mir bekannte Untersuchung des genetischen Einflusses auf das Verhalten geliefert. Er

18

nahm je eine Gruppe junger Hunde aus vier Rassen und trainierte jedes Tier auf die gleiche Art mit dem Wort »nein«. Dann setzte er jedes Tier allein in ein Zimmer – die Kamera hinter einem von außen durchsichtigen Spiegel. Er stellte eine Schüssel mit Futter vor den jungen Hund, sagte »nein« und ging. Die Rassen verhielten sich völlig unterschiedlich, die Einzeltiere einer Rasse dagegen gleich. Die eine Rasse machte sich sofort ans Fressen – ohne jedes Zögern. Eine andere schaute sich erst vorsichtig um, ob jemand da sei, schlich sich dann heran und fraß. Die dritte wäre eher verhungert, als einen Bissen zu fressen. (Bei der vierten Gruppe war das Verhalten unterschiedlich.)

Wie ist das zu erklären? Freedman hatte den Tieren beigebracht, eine Situation im Zusammenhang zu sehen, und nicht nur ein einzelnes Verhalten. Und auf dieser Ebene – wie man eine Situation im Kontext sieht – ist wahrscheinlich die Genetik wirksam. In welchem Verhältnis steht man zum Gesamtzusammenhang? Was für eine Welt schafft man? Das ist wahrscheinlich der Punkt, von dem aus sich etwas entwickelt. Doch auf dieser entscheidenden Ebene laufen keinerlei Forschungen. Man ist völlig auf die Beobachtung von Ratten fixiert, die Hebel drücken.

Das läuft ja wohl darauf hinaus, daß die Verhaltenswissenschaften deiner Meinung nach Wissenschaften vom Verhaltenskontext sein sollten.

Richtig. Ein Beispiel: Ich habe fast 30 Jahre lang eine Vorlesung über den Kontext für die fortgeschrittenen Psychologiestudenten in Berkeley gehalten. Einer von ihnen wurde sehr ungeduldig. Als ich fertig war, stellte er einige unfreundliche Fragen, so etwa: »Wie wollen Sie eigentlich einen Kontext messen oder wiegen?« Anschließend war ein halbes Dutzend Leute um mich herum und stellte Fragen. Während ich mit jemandem sprach, sah ich aus dem Augenwinkel diesen Mann herankommen. Er wollte offensichtlich streiten. Ich hatte sein Bild von der Psychologie mit Füßen getreten. Wie ich so rede, stecke ich die Hand in die Tasche, suche mir eine Münze, und als er dasteht, ziehe ich sie raus und reiche sie ihm. Er nimmt sie automatisch. Dann wird er ganz böse: »Warum haben Sie mir eine Münze gegeben?« Die Botschaft hatte keinen Kontext. Schließlich faßt er sich, greift in die Tasche und reicht mir zwei Geldstücke. Und damit hat er einen Kontext für uns beide hergestellt.

Mir ist klar, daß verschiedene Vorstellungen eines Kontextes bei den an einer Situation Beteiligten zu bedauerlichen Mißverständnissen führen können. Das muß vor allem für verschiedene Kulturen gelten, wo doch viele Wörter, Handlungen und Gesten ganz verschiedene Bedeutungen haben.

Also, das, was man auch in einer anderen Kultur verständlich machen kann, das ist die Quantität. Vor allem Geld. Oder: Wir haben besser Cricket gespielt als ihr; wir haben 105 *runs* gemacht und ihr nur 87.

Oder: Unsere Autos sind billiger oder größer oder kleiner. Quantität ist in allen Kulturen verständlich. Unsere Sony-Fernseher verkaufen sich besser als eure Zenith-Geräte. Japan steht mit der übrigen Welt bezüglich der Quantität in vollständiger Kommunikation. Dasselbe gilt für die Araber, die freilich in so gut wie jeder anderen wichtigen Hinsicht fast völlig von der Kommunikation ausgeschlossen sind.

Vergessen wird der menschliche Kontext des Kontakts zwischen den Nationen. Doch der sollte am meisten zählen. Was soll man tun?

Komische Frage: »Was soll man tun?« Was wäre, wenn ich sagte: Nichts? Früher mal, 1947, da sollte ich vor einer Gruppe von Physikern in Princeton sprechen. Sie hatten alle an der Atombombe gearbeitet und hatten dann schreckliche Gewissensbisse darüber, was man alles mit der Bombe anrichten kann. Robert Oppenheimer hatte für diese Kernphysiker ein Seminar arrangiert, das zeigen sollte, ob die Sozialwissenschaften irgendwelche Heilmittel zu bieten hätten. Nach meinem Vortrag war ich bei Oppenheimers eingeladen. Am nächsten Morgen war ein scheußlicher regnerischer Wintertag. Die Kinder hatten ihre Gummischuhe verloren, und Frau Oppenheimer versuchte verzweifelt, sie auf den Schulweg zu bringen. Die übliche Szene beim amerikanischen Frühstück.

Und inmitten dieses Tohuwabohus, ganz aus heiterem Him-

Gregory Bateson wurde 1904 in England in eine traditionsreiche Gelehrtenfamilie hineingeboren. Sein Vater William Bateson, der ihn schon als Kind in den Naturwissenschaften unterrichtete, war einer der führenden Biologen Englands und Pionier auf dem Gebiet der Genetik.

Nach einem naturwissenschaftlichen Studium und einem Abschluß im Fach Anthropologie ging Bateson 1936 nach Neuguinea, wo er seine spätere Frau, Margaret Mead, kennenlernte.

Gregory Bateson wurde 1940 Bürger der Vereinigten Staaten. Im Zweiten Weltkrieg arbeitete er im Dienst des *Office of Strategic Services (OS)* im Südpazifik. Kurz nach dem Krieg nahm er an den Tagungen der *Macy Foundation* teil, auf denen Norbert Wiener den Grundstein der Kybernetik legte. Wiener verstand unter Kybernetik eine Theorie der Steuerung und Kommunikation in biologischen und physikalischen Systemen, die das Funktionieren einer Dampfmaschine ebenso erklären kann wie das Funktionieren des menschlichen Gehirns. Bateson wandte die Begriffe der Kybernetik – in Verbindung mit den logischen Grundsätzen Alfred North Whiteheads und Bertrand Russells – auf die Analyse so verschiedener Gegenstände an wie die balinesische Kultur, das Spielverhalten von Ottern, den Alkoholismus, die Familiendynamik bei Schizophrenen oder die Kommunikation zwischen Menschen und Delphinen.

1947 wurde er Gastprofessor für Anthropologie an der *Harvard University.*

Als Ethnologe arbeitete er später am *Palo Alto Veterans Administration Hospital,* wo er 14 Jahre lang seine Beobachtungen und Einsichten über Geisteskrankheiten und ihre Behandlung an eine qualifizierte Gruppe von Psychologen und Therapeuten weitergab.

Aufgrund dieser Arbeiten entwickelten Bateson und eine Gruppe weiterer Mitarbeiter die *Doublebind*-Hypothese, die Theorie von der »Beziehungsfalle« in der Familien-Kommunikation – insbesondere die Koppelung einander widerstreitender Mitteilungen, die bei einem Mitglied der Familie zur Psychose führen kann.

Die letzte akademische Station für Bateson war die *University of California in Santa Cruz,* wo er bis zu seinem Tode 1980 als Gastprofessor arbeitete.

mel, erklang die ruhige, leise Stimme Oppenheimers, der spontan sagte: »Wissen Sie, wenn mich irgend jemand fragte, warum ich die Lehrtätigkeit an der Technischen Hochschule von Kalifornien aufgegeben und die Forschungstätigkeit in Princeton aufgenommen habe, dann wäre die Antwort wohl: Weil ich an der Technischen Hochschule 500 Studenten gegenüberstand, die alle Antworten haben wollten.«

Ich sagte: »Ich nehme an, die Antworten auf diese Fragen wären ziemlich unangenehm gewesen.«

Oppenheimer sagte: »Also, wie ich es sehe, bewegt sich die Welt auf die Hölle zu, mit hoher Geschwindigkeit und womöglich positiver Beschleunigung; und auch noch positiver Änderungsgeschwindigkeit der Beschleunigung; und die einzige Bedingung, unter der sie vielleicht nicht dort ankommt, ist die, daß wir und die Russen bereit sind, sie dort ankommen zu lassen.« Jeder Schritt, den wir aus Furcht vor dem nächsten Krieg tun, bringt ihn in Wirklichkeit nur näher. Man folgt blind der alten Abschreckungstheorie. Wir rüsten auf, um die Russen zu zügeln, und die tun genau das gleiche. Die Angst bringt in Wirklichkeit das hervor, wovor sie sich fürchtet, sie gräbt ihr eigenes Grab.

Also einfach alles laufen lassen?

Nun, man muß eben verdammt vorsichtig mit der Politik sein, mit der man die Sache in den Griff bekommen möchte. Man kennt eben das Gesamtsystem nicht; nach allem, was wir wissen, könnte man mit dem Versuch, einen gegenwärtig drohenden Schrecken zu bannen, gerade den nächsten heraufbeschwören.

Diese Beziehungen, in die wir eingebunden sind, sind wohl sehr viel umfassender, als wir begreifen können.

Es gibt ein umfassenderes Bewußtsein, von dem das individuelle nur ein Teilsystem ist. Es ist vielleicht das, was manche »Gott« nennen. Es steckt aber in dem totalen, in sich verflochtenen sozialen System drin, und auch die Ökologie des ganzen Planeten gehört dazu.

Mir scheint der Versuch nahezu aussichtslos, dieses umfassende

Gewebe von Strukturen und Verknüpfungen erkennen, geschweige denn beherrschen zu wollen.

Der Versuch, es zu erkennen, lohnt sich, da bin ich sicher. Dem habe ich meine Lebensarbeit gewidmet. Meine Erkenntnisse anderen Menschen mitzuteilen, lohnt sich ebenfalls. In gewissem Sinne wissen wir es auch schon. Gleichzeitig tappen wir aber auch im dunkeln, weil uns zu viel »gesunder Menschenverstand« ins Ohr gebrüllt wird und niemand über seinen eigenen Tellerrand hinausguckt.

Was wäre die Alternative?

Weisheit. Falls es so etwas gibt.

(Mit Gregory Bateson sprach Daniel Goleman)

NORBERT BISCHOF

»Die Natur setzt uns keine Grenzen, aber sie fordert ihren Preis«

Freud nahm an, daß jeder Junge in einem gewissen Alter begehrt, was dem griechischen Königssohn Ödipus einst ungewollt widerfahren sein soll: Beischlaf mit der eigenen Mutter. Doch geht das nicht gegen unsere Natur? Am »Rätsel Ödipus« hat sich schon oft der Streit entzündet, wozu wir biologisch bestimmt sind und was die Kultur uns erlauben darf. Zugleich verbirgt sich hinter dem Inzestproblem der Urkonflikt zwischen menschlicher Nähe und Selbständigkeit.

Sie haben als Biologe und Psychologe untersucht, wie weit das Erleben und Verhalten des Menschen einerseits von seiner Natur bestimmt wird und andererseits von der Kultur, in der er lebt. In Ihrem Buch behandeln Sie ausführlich, worin sich der Mensch von Tieren unterscheidet – in seiner Fähigkeit zu sprechen, in die Zukunft zu denken, kulturelle Traditionen und Werte zu bilden. Zugleich kommen aber in Ihrem umfangreichen »Zürcher Modell der sozialen Motivation« keine Einflüsse auf unser Handeln vor, die sich aus den artspezifischen Besonderheiten und kulturellen Errungenschaften des Menschen ergeben. Handelt es sich also doch um ein reines »Tiermodell«, entwickelt aus der Analyse tierischer Verhaltensmuster und letztlich nur gültig für diese?

Zweifellos ist mein Modell von tierischen Verhaltenssteuerungen her konzipiert. Ich glaube auch keineswegs, daß diese bei uns verschwunden sind. Allerdings sind beim Menschen neue Dimensionen des Erkennens hinzugekommen, die dem Erbe früherer Entwicklungsstufen plötzlich ganz andere Perspektiven verleihen.

Beispiel: Das »Zürcher Modell« macht Aussagen über die Regulation des Sozialverhaltens gegenüber vertrauten oder fremden Artgenossen. Nun verfügen wir als Menschen über die – bereits bei den anthropoiden Affen angedeutete, aber erst bei uns zum Durchbruch gelangende – Fähigkeit zur Reflexion, zur Identifikation mit dem eigenen Spiegelbild, durch die wir gewissermaßen zu unserem eigenen Artgenossen werden. Als Mensch kann ich mich selbst erforschen, selbst lieben und hassen – bis hin zum Selbstmord –, ich kann »Selbst-Beherrschung« üben oder mir selbst nachgeben. Ich kann also das gesamte Repertoire sozialer Verhaltensweisen auf mich selbst anwenden.

Umgekehrt läßt sich durch Identifikation übrigens auch das Repertoire egoistischer Verhaltensweisen in den Dienst anderer stellen. Ein Geiziger, von dem man sich Einkäufe besorgen läßt, wird meist die günstigsten Angebote mitbringen, auch wenn er selbst gar nichts davon hat. Paradoxerweise kommt hier ein altruistischer Akt durch rein egoistische Motive zustande, in Verbindung mit einem Akt der Identifikation.

Das Hinzutreten neuer kognitiver Dimensionen kann also die Leistungen eines stammesgeschichtlich alten affektiven Systems zwar in ihrer Qualität und Struktur verändern, ohne es deshalb aber außer Kraft zu setzen.

Birgt Ihr Modell nicht doch die Gefahr einer »zoomorphisie-renden«, Mensch und Tier gleichsetzenden Betrachtung? Wie bewerten Sie die Unterschiede zwischen Mensch und Tieren?

Darf ich einmal zurückfragen: Wieso wäre eine »zoomorphe Betrachtung« denn eine Gefahr?

Sicher hat es etwas Verfängliches, sich gewissermaßen selbst im Spiegel tierischen Verhaltens zu betrachten und darin wiederzu-erkennen. Aber dabei gerät leicht der grundlegende Unterschied zwischen Mensch und Tier aus dem Blick.

Können Sie einen Kandidaten für diese Art von Fehler in meinem Buch benennen?

Sie weisen selbst darauf hin, daß Dimensionen wie altruistisches Verhalten und Empathie – also Hilfeleistungen und einfühlendes Verstehen – in Ihrer Theorie bisher nicht berücksichtigt sind. Bedeutet das nicht, daß Bereiche des Erlebens und Verhaltens, in denen sich das spezifisch Menschliche widerspiegelt, kaum hinreichend mit dem Modell zu verstehen sind, das sich auf Analysen tierischer Verhaltensmuster stützt?

Man könnte es auch andersherum sehen: Wenn ich diese Bereiche in vollem Problembewußtsein aus meinem Modell ausklammere, weil ihre Behandlung vorerst zu kompliziert ist, dann gehe ich doch sorgfältiger vor, als wenn ich das Modell noch schnell darauf zurechtgebogen hätte.

Im übrigen sind weder Altruismus noch Empathie spezifisch menschliche Phänomene. Empathie beobachten wir bereits bei Menschenaffen, allerdings ist sie wahrscheinlich auch auf diese beschränkt. »Altruismus« ist im Tierreich sogar recht weit verbreitet, wenn man darunter Verhaltensweisen versteht, die anderen Artgenossen dienen, ohne dem Ausführenden selbst erkennbaren Nutzen zu bringen, ihm unter Umständen sogar schaden. Das bekannteste Beispiel dafür ist die Brutpflege.

Man kann sicherlich nicht sagen, Altruismus sei erst mit dem Menschen in die Welt gekommen und mit der darwinistischen Selektionstheorie seien nur egoistische Verhaltensweisen erklärlich.

Altruismus im Sinne der Soziobiologie, auf die Sie sich beziehen, scheint mir allerdings eher eine Form von verkapptem Egoismus und Nepotismus zu sein: Als biologisch sinnvolle Strategie gilt er, solange er der Verbreitung des eigenen Erbmaterials dient und sich folglich auf den engeren Kreis der Sippe beschränkt. Gibt es im Tierreich auch so etwas wie »Fernstenliebe«, Formen der Hilfe oder gar selbstlosen Hingabe, die über die Förderung der »Sippenselektion« hinausgehen?

Dazu ist zweierlei zu sagen. Zunächst einmal: Der auf Sippenselektion gegründete Altruismus ist nicht das einzige, was die Soziobiologen analysiert haben. Es gibt unter anderem auch noch Verhaltensweisen, die man als »reziproken Altruismus« beschrieben hat: Von zwei Individuen erbringt eines versuchsweise eine Vorleistung und merkt sich, ob der andere bei nächster Gelegenheit eine Gegenleistung zeigt; ist das der Fall, wechseln die beiden sich von da an mehr oder weniger ab in ihrer Unterstützung. Die beiden sind nicht miteinander verwandt, sie müssen es jedenfalls nicht sein. Hier wäscht natürlich einfach eine Hand die andere. Das ist ethisch noch nicht besonders hochstehend. Aber immerhin zeigt es: Das Kriterium der Sippenbevorzugung reicht nicht, um wechselseitige Hilfeleistungen unter Tieren vollständig zu erklären.

Wichtiger erscheint mir jedoch ein zweiter Punkt. Es besteht ein fundamentaler Unterschied zwischen biologischer Zweckmäßigkeit und individuell erlebter Zielsetzung. Wenn Sie von »verkapptem Egoismus« reden, werfen Sie diese beiden Begriffe zusammen. Leider werden sie auch in soziobiologischen Veröffentlichungen nicht immer deutlich genug getrennt. Tiere pflegen ihre Brut gewiß nicht in der persönlichen »Absicht«, ihr Erbgut, das Genom zu verbreiten.

Erklären die Soziobiologen aber nicht, in einer Art darwinistischer Metaphysik, die Verbreitung des eigenen Genoms zum letzten Lebenssinn?

So wird es interpretiert. Manche Soziobiologen spielen wohl auch ein wenig mit diesen Anklängen, um zum Widerspruch zu reizen und sich so besser zu verkaufen. Tatsächlich ist diese Formulierung in keiner Weise gerechtfertigt. Die Evolutionstheorie ist eigentlich eine mathematische Theorie. Sie zeigt: Wenn Individuen sich durch Fortpflanzung so vervielfältigen, daß die Nachkommen weitgehend originalgetreue Kopien der Eltern darstellen, wobei aber geringfügige Abweichungen zugelassen sind, dann ist Selektion, also ein gewisses Gefälle in den Fortpflanzungschancen der Nachkommen, eine mit mathematischer Notwendigkeit eintretende Konsequenz – und keine Annahme, die man noch frei wäre zu machen. Darüber sind die Akten geschlossen. Man kann nicht diskutieren, ob man das will oder nicht, ob das philosophisch richtig oder falsch ist, sondern das ist eben so.

Liegt darin nun ein tieferer Lebenssinn? Das kommt darauf an, wie man diesen Begriff interpretiert. Versteht man darunter ein richtendes Prinzip der Evolution, ist die Selektion sicher der »Sinn des Lebens«. Versteht man darunter jedoch ein Prinzip, nach dem wir unsere moralischen Maximen ausrichten sollen, dann steht das auf einem völlig anderen Blatt. Sonst würden wir von Seinsaussagen auf Sollensaussagen schließen, und das ist bekanntlich nicht zulässig.

Wir können also machen, was wir wollen, die Werte setzen, wie wir wollen: letztlich ist unser Leben diesem gestaltenden Prinzip ausgeliefert.

Ja. Aber wir können uns natürlich auch selbst gestalten – das zeichnet uns als Spezies aus, das ist die Grundlage menschlicher Kultur. Man kann das Verhältnis zwischen Kultur und Natur mit dem Bau einer Stadt in eine Landschaft vergleichen. Manhattan zum Beispiel ist auf den ebenen Grund einer Halbinsel gebaut. Das Wasser, das diese umspült, bestimmt, bis wohin man Straßen und Gebäude errichten kann – jedoch nicht, wie der Planer die Straßen zu ziehen hat. Die rechtwinklige Bauweise der Straßen von Manhattan steht in keiner erkennbaren Beziehung zur örtlichen Geographie, sondern entstammt ästhetischen oder ökonomischen Prinzipien, von denen die Städtebauer sich leiten ließen. Auf den Menschen übertragen, würde das bedeuten: Die Natur setzt uns gewisse Grenzen – wir haben zum Beispiel keine Flügel und können uns daher nicht ohne technische Hilfsmittel im Luftraum bewegen. Darüber hinaus gibt sie uns aber in keiner Weise vor, wie wir unser Leben zu gestalten oder aus welchen Beweggründen wir zu handeln hätten. Das unterliegt vielmehr unseren gesellschaftlich-kulturellen Vereinbarungen.

Ich nenne dies das »Manhattan-Paradigma« – ein grundverkehrtes Gleichnis. Aus dieser Sichtweise entspringen viele antibiologische Affekte, oder sie werden damit sogar gerechtfertigt. Richtiger wäre jedenfalls das Bild einer Stadt, die auf hügeliges Gelände gebaut ist, zum Beispiel Zürich. Hier folgen die Straßenverläufe den Gegebenheiten der Landschaft. Sieht man jetzt in der Hügeligkeit des Geländes die Entsprechung zur Natur, dann fällt die plumpe Gegenüberstellung – hier Natur, dort Kultur – in sich zusammen: Kultur und Natur überlagern sich in einem Prozeß wechselseitiger Anpassung aneinander. Es gibt keine Stelle, die nicht sowohl vom einen wie vom anderen bestimmt wäre, keine Stelle, an der nicht die Natur Vorgabe für eine kulturelle Problemlösung gewesen wäre.

Stellte man 100 verschiedenen Architekten, die nichts voneinander wissen, die Aufgabe, auf demselben Hügelgelände eine Stadt zu bauen, so würden die Straßenverläufe zweifellos gewisse Ähnlichkeiten aufweisen. Das wäre keineswegs mystisch bedingt, sondern rührte einfach daher, daß alle sich mit derselben Landschaft auseinandersetzen mußten.

Das Interessante dabei ist: Die Voraussetzungen der Landschaft tun der kreativen und konstruktiven Freiheit der Architekten keinen Abbruch, und trotzdem tritt schließlich so etwas wie ein universales Formprinzip zutage. Sicher kann dieses Prinzip in Einzelfällen unterminiert werden, zum Beispiel in einer Stadt wie San Francisco, wo man rechtwinklige Straßen auf Hügeln gezogen hat. Und da zeigt sich nun, daß diese Bauweise einen Preis fordert. Den Preis zahlen die Autofahrer, die ständig auf und ab fahren müssen.

Das hieße: Wir können die Kultur in eigener Verantwortung gestalten, wie es uns gefällt; aber wenn wir dabei unsere Natur nicht beachten, kann uns das teuer zu stehen kommen.

Ja. Die Natur begrenzt nicht unsere kulturellen Möglichkeiten, sie gibt lediglich vor, welchen Preis unsere Maßnahmen kultureller Selbstgestaltung jeweils fordern. Wir haben durchaus die Freiheit, diesen Preis zu zahlen oder nicht, und damit ist keinerlei moralisches Urteil gefällt.

Moralische Werthaftigkeit kann gerade darin bestehen, daß wir für eine bestimmte kulturelle Leistung einen besonders hohen Preis zu entrichten bereit sind. Der Zölibat richtet sich zweifellos gegen die natürliche Anlage des Menschen; trotzdem wird ihn niemand für moralisch minderwertig erklären. Der Preis, den der Zölibat fordert, ist gerade das Moralische daran. Es gibt aber auch das genaue Gegenteil. Wir sind als Menschen zum Beispiel imstande, die überall in der Natur anzutreffende Tötungshemmung gegenüber vertrauten Artgenossen zu durchbrechen. Bruder- oder Freundesmord fallen uns aus biologischen Gründen nicht leicht, und zugleich sind sie unmoralisch.

Festzustellen, daß gewisse Dinge »unnatürlich« sind, bedeutet also zunächst nichts anderes, als daß sie sich nur um einen relativ hohen Preis verwirklichen lassen. Ob sie außerdem als moralisch oder unmoralisch gelten, ist davon völlig unabhängig.

Zumindest in der Vergangenheit mußte die Darwinsche Evolutionstheorie allerdings durchaus für die Begründung ethischer und sozialer Normen herhalten. Die Rechenmodelle der heutigen Soziobiologie wirken mitunter so, als ob Phänomenen, deren Beobachtung außer Zweifel steht, nachträglich globale biologische Zweckmäßigkeiten übergestülpt würden. Selektionsmechanismen werden schnell in den Rang universaler »Letztbegründungen« erhoben.

Ich sehe den wissenschaftstheoretischen Vorzug der Soziobiologie umgekehrt gerade darin, daß sie solche wohlfeilen Deutungen erschwert. Sie erklärt nicht etwa mehr, sondern *weniger* als der Vulgärdarwinismus und schafft damit Probleme. Das erweist sich experimentell und theoretisch als äußerst fruchtbar; es bringt einen reichen Ertrag an weiterführenden Fragestellungen. Die Soziobiologie macht Spekulationen unbequemer und fordert dadurch zu einem tieferen Eindringen in die Materie heraus. Ich halte das für eine ganz wichtige wissenschaftspsychologische Funktion, die eigentlich alle als reduktionistisch verschrienen Theorien erfüllen, wenn man sie richtig handhabt.

Der Wert der Soziobiologie liegt für Sie also vornehmlich darin, Anregungen für neue, präzise Forschungsfragestellungen zu gewinnen?

Ja, aber ich betrachte mich auch nur sehr bedingt als Soziobiologen. Ich persönlich interessiere mich viel mehr für die »Nahursachen«, für die unmittelbare Kausalforschung »im kleinen«, als für die funktionale Erforschung großer Zusammenhänge. Ich möchte wissen, *wie* ein Organismus wirklich funktioniert, und nicht nur, *wozu* er funktioniert. Für mich ist die Frage nach den »Letzturschen« eine Hilfe, um zu guten, sinnvollen Hypothesen für die Nahursachen-Forschung zu gelangen. Ich brauche also das »Wozu«, um überhaupt einen Einstieg in die Frage nach dem »Wie« zu finden.

Dies ist ein wissenschaftlicher Arbeitsstil, den man bei den Biologen lernen kann. Die Psychologen haben das leider versäumt und statt dessen versucht, die Physiker zu kopieren – mit mäßigem Erfolg.

Im Mittelpunkt Ihrer Forschungen steht die Thematik der sozialen Motivation, und Ihr Ausgangspunkt ist dabei das Inzestproblem. Sie legen in Ihrem Buch eingehend dar, daß Inzestbarrieren bereits im Tierreich anzutreffen seien und daß auch beim Menschen alles für eine biologisch verankerte Inzestscheu spreche …

… für eine Scheu, sich mit Personen auf eine Sexualbeziehung einzulassen, mit denen man seit früher Kindheit eng vertraut ist.

Die Psychoanalyse vermutet demgegenüber, daß eine bestimmte Phase der frühkindlichen Entwicklung gerade durch den Wunsch nach Inzest mit dem gegengeschlechtlichen Elternteil geprägt ist. In der neueren psychoanalytischen Literatur gibt es eine Diskussion darüber, ob die von Patientinnen häufiger berichteten Vergewaltigungen durch enge Familienangehörige, die

Freud in späteren Fassungen seiner Theorie eher ins Reich der Phantasie verwies, nicht doch in vielen Fällen stattgefunden haben.

Immerhin scheint Inzest im Humanbereich gar nicht so selten zu sein. Bei Tiefeninterviews, die eine amerikanische Soziologin mit 930 Frauen durchführte, gaben 16 Prozent der Befragten an, im Alter von unter 18 Jahren Geschlechtsverkehr mit einem nahen Verwandten gehabt zu haben; bei fünf Prozent soll es der eigene Vater gewesen sein. Inzest mit einem Stiefvater soll sogar noch siebenmal häufiger vorkommen. Wie vertragen sich solche Feststellungen mit Ihrer Theorie?

Derartige Zahlen sind mit Vorsicht zu genießen. Was heißt etwa »naher Verwandter«? Wie vertraut ist man miteinander in der frühen Kindheit geworden? Und was den Vater betrifft: Fünf Prozent ist objektiv betrachtet ja eine recht niedrige Zahl. Davon abgesehen gibt es aber keinen Zweifel: Fälle von Inzest innerhalb der Kernfamilie kommen vor; am häufigsten zwischen Vater und Tochter, an zweiter Stelle unter Geschwistern und relativ selten zwischen Mutter und Sohn. Sicher richtig ist auch, daß Inzest zwischen Stiefvater und -tochter noch häufiger auftritt.

Nach meiner Theorie besteht die wichtigste Inzestbarriere in einer gefestigten Bindung unter den Mitgliedern der Kernfamilie während der frühen Kindheit. Bei einer positiven, weder überhitzten noch unterkühlten, frühkindlichen Gefühlsbeziehung zu Eltern und Geschwistern, wie sie als die biologische Norm anzusehen ist, ist die Wahrscheinlichkeit sexueller Kontakte mit Angehörigen der Kernfamilie nach der Pubertät minimal. Das bedeutet umgekehrt: Dort, wo diese Bedingung nicht erfüllt ist, wird dieses Prinzip am ehesten durchbrochen, vor allem bei emotionaler Vernachlässigung in der frühen Kindheit, wenn tiefere emotionale Bindungen fehlen. Auch bei einer unnatürlich überreizten, distanzlosen Gefühlsbeziehung kann es zum Inzest kommen.

Bei Stiefvater-Tochter-Beziehungen ist die Tochter im allgemeinen nicht auf den Stiefvater »geprägt« und dieser erst recht nicht auf sie. Er gehörte nicht zu ihrer vertrauten Umgebung von klein auf, so daß ihm gegenüber kaum biologische, sondern lediglich gesellschaftliche Inzestschranken bestehen. Und daß diese leichter zu durchbrechen sind, widerspricht nicht meiner Theorie.

Der Umfang, in dem Inzest in der Gesellschaft auftritt, stellt also Ihren Ansatz nicht in Frage?

Ich sehe nicht wieso – schon gar nicht, wenn man die Befunde der vergleichenden Kulturanthropologie hinzunimmt, was ich nach Möglichkeit getan habe.

Ich habe mich übrigens wiederholt bemüht, Zugang zu akuten Inzestfällen zu erhalten. Entgegen der Behauptung, daß Inzest sozusagen an jeder Straßenecke vorkomme, mußte ich von Ehetherapeuten, Erziehungsberatern oder Kriminalpsychologen regelmäßig hören, daß sie mir eigentlich keine rechten Fälle anzubieten hätten.

Herkömmlich wird biologischen Inzestbarrieren und kulturellen Inzesttabus vor allem die Funktion zugeschrieben, Erbkrankheiten und genetische Degenerationserscheinungen zu vermeiden. Bei sexuellen Kontakten zwischen Stiefeltern und Kindern spielt dieser Faktor eigentlich keine Rolle, da sie biologisch nicht miteinander verwandt sind. Dennoch wäre nach Ihrer Theorie zu erwarten, daß eine Inzestschranke auch gegenüber Stiefeltern errichtet wird, sofern diese mit dem Kind schon sehr früh zusammenleben.

Ja. Hier muß man eben sehen, daß der natürliche Selektionsprozeß sich nicht um den Einzelfall kümmert, sondern ein statistisches Geschehen ist. Seine Basis ist nicht die besonders gelagerte Individualsituation, sondern der Normalfall – und der ist nicht, daß man Stiefeltern hat, sondern daß der Vertraute der ersten Lebensstunde auch der nahe Blutsverwandte ist. Nur das schlägt statistisch durch, der Rest sind Randerscheinungen, die im Gesamtgefüge genetisch ausgebildeter Motivstrukturen im allgemeinen und inzestverhindernder Mechanismen im besonderen keine entscheidende Rolle spielen.

Der aus Ihrer Sicht wesentliche biologische Sinn von Inzestbarrieren liegt darin, sich aus der »primären Vertrautheit« der frühen Kindheit wirksam lösen und eintreten zu können in das

Stadium der Autonomie – und damit auch der Fortpflanzung mit Nichtverwandten!?

Daß der biologische Sinn der Inzestbarrieren nicht in der Vermeidung von Erbkrankheiten besteht, dafür gibt es genügend gute Argumente. Er ist vielmehr identisch mit dem biologischen Sinn der sexuellen Fortpflanzung überhaupt. Die Fortpflanzung durch Paarung zweier Individuen ist unter den Vermehrungsarten, die wir in der Biologie kennen, sicherlich die störungsanfälligste und komplizierteste. Insofern hatte sie es gewiß schwer, sich vor der Selektion zu behaupten. Daß ihr das dennoch gelungen ist, muß damit zusammenhängen, daß sie maximale Variabilität des Erbgutes gewährleistet. Auf diese Variabilität ist die Selektion angewiesen, um überhaupt neue Formen schaffen zu können. Dieser Vorteil wäre aber sofort zunichte, wenn die Nachkommen eines Elternpaares sich obligatorisch untereinander paarten. Dann könnte man auf sexuelle Fortpflanzung ganz verzichten. Deshalb darf man a priori annehmen, daß der Selektionsdruck, der den Sexualtrieb entstehen ließ, gleichzeitig auch eine instinktive Hemmung gegen Inzestpaarung erzeugte.

Diese Inzestbarrieren dienen dann dem Zweck, daß der einzelne den »Urkonflikt« des Übergangs von Intimität mit Eltern und Geschwistern zu persönlicher Autonomie bewältigen kann?

Hier stehen wir genau vor der Notwendigkeit, »Zweck« und »Ziel« sorgfältig zu unterscheiden. Was den Zweck anbelangt, so kann man aus der Selektionstheorie den biologischen Imperativ herleiten: Vermeide, dich mit engsten Blutverwandten zu verheiraten. Die Frage nach dem Ziel muß man aber auf der Ebene der Nah- oder Wirkursachen stellen: Wie wird diese Vermeidung realisiert? Damit betreten wir die Ebene der unmittelbar erlebbaren Motivzusammenhänge, und erst dort kommen Begriffe wie Intimität und Autonomie zum Tragen. Unter den persönlichen Motivzielen spielt Inzestvermeidung, ohne den kulturellen Überbau entsprechender Tabus, nur eine höchst untergeordnete Rolle. Hier geht es primär darum, autonom zu werden – die seit der Kindheit bestehende Intimität wird von uns als Hindernis dafür erlebt, selbständig zu werden. Dies ist also gewissermaßen die »gerätetechnische« Realisierung dessen, was sich auf der funktionalen Ebene als selektive Bevorzugung von Inzestvermeidung darstellt.

Könnten Sie Ihre Überlegungen zu den Nahursachen auf den Menschen übertragen und veranschaulichen? Sie sprechen davon, »auf natürliche Weise erwachsen zu werden«. Was verlangt eine gelungene Lösung aus der Herkunftsfamilie von den Eltern einerseits und von den Jugendlichen andererseits? Lassen sich aus Ihrem Modell Gesichtspunkte für den Umgang zwischen Eltern und Kindern ableiten? In Ihrem Buch klingt ein wenig die Tendenz an: »Raus ins harte Leben.«

Ich möchte vermeiden, Patentrezepte zu geben. Solche Probleme hängen so eng mit der individuellen Familienkonstellation zusammen, daß es unverantwortlich wäre, irgend etwas pauschal zu empfehlen. Unter dieser Einschränkung kann man aber doch feststellen: Ein positives emotionales Klima in der Familie, eine weder überhitzte noch unterkühlte Gefühlssituation, ist für eine gesunde Ablösung sicherlich wichtig. Die Eltern sollten dem Kind einerseits mit einfühlsamer Rücksicht begegnen und seine emotionale Intimzone von klein auf respektieren. Andererseits sollten sie sich aber auch nicht aus Berührungsscheu oder aus der Angst, etwas falsch zu machen, jeder eigenen Gefühlsäußerung enthalten. Das gilt übrigens nicht nur für positive Gefühle. Statt jedesmal ein schlechtes Gewissen zu bekommen, wenn sie sich über ihre Kinder rechtschaffen ärgern, sollten sie dem ruhig ihrem Temperament gemäß Ausdruck verleihen.

In der eigentlichen Ablösungszeit ist wichtig, daß die Eltern den Jugendlichen auch Reibungsflächen bieten und damit eine Plattform für die dann wirksam werdenden Zentrifugalkräfte. Nichts ist einer gelungenen Ablösung hinderlicher als ein zu vollkommenes Elternhaus. Wenn die Eltern gottgleich dastehen, ist die Trennung von ihnen immer mit Schuldgefühlen verbunden; und diese können derart übermächtig werden, daß die Ablösung nicht gewagt wird oder scheitert. Schwierig oder unmöglich wird die Loslösung auch, wenn die Eltern dem Kind positive Zuwendung stets vorenthalten oder zu gering dosiert haben. Ihm fehlt es gewissermaßen ständig an Nestwärme, und es kann ihrer daher auch nicht überdrüssig werden – es kann sich dann nicht aus eigenem Antrieb vom Nest entfernen.

Nestwärme muß also erfahren und genossen worden sein, damit die Heranwachsenden irgendwann einen Überdruß an ihr entwickeln können; daraus beziehen sie schließlich die Kraft, den Schritt ins eigene Leben zu wagen.

Genau. Allerdings ist auch dies beim Menschen wieder einmal komplizierter als bei den Tieren. Die emotionale Abnabelung des Tierjungen von der Familie verläuft in aller Regel sehr viel abrupter und endgültiger als beim Menschen. Das ist eine Folge seiner veränderten kognitiven Ausstattung; und zwar hängt es mit der kategorial veränderten Einstellung des Menschen zur Zeitdimension zusammen.

Hat es nicht auch mit der Entwicklung von kognitiven Konzepten wie »Schuld« oder »Dankbarkeit« zu tun?

Ja, sicher. Um den Unterschied des Menschen vom Tier herauszuarbeiten, muß man sich sehr genau die Tiere anschauen, die uns am nächsten stehen, Schimpansen und Zwergschimpansen. Die Philosophen haben sich immer leicht damit getan, das spezifisch Menschliche zu definieren. Da sie meist kaum etwas über Tiere wußten, haben sie das, was ihnen am Menschen besonders wertvoll oder besonders verwerflich erschien, als das dem Menschen Eigene deklariert und das dazugehörige Gegenbild auf das Tier projiziert. Eine derart auf den Menschen zentrierte Betrachtungsweise hilft uns natürlich nicht weiter. Man muß das Verhalten von Tieren sehr genau kennen, um das spezifisch Menschliche richtig bestimmen zu können. Es liegt in der Tat vornehmlich auf kognitivem Gebiet. Besonders bedeutsam ist hier die radikal neue Einstellung zur Zeitdimension, die dann auch eine tiefgreifende Veränderung im Erleben der persönlichen Identität nach sich zieht. Diese Identität übersteigt die individuelle Lebensspanne und ist daher nur in Rückbindung an die eigene Familiengeschichte zu gewinnen. Sie verlangt also die Versöhnung mit den Eltern – unbeschadet der Emanzipation von ihnen. Dies ist eine Gratwanderung, die, wenn man dem Zeugnis der Heldenmythen glaubt, noch riskanter ist als die Partnersuche.

Die Bindung an die Ursprungsfamilie auf neuer Grundlage wiederherzustellen und zu vertiefen, nachdem die Autonomie errungen ist – das ist etwas anderes als das, was Sie den Übergang zur »sekundären Vertrautheit« nennen?

Ja. Die sekundäre Vertrautheit betrifft den Geschlechtspartner, dem man zunächst als Fremder begegnet. Dies finden wir auch bei Tieren, sofern sie in einer eheähnlichen Partnerbeziehung leben. Aber die spätere Rückbindung an die Personen der primären Vertrautheit – das ist etwas, das beim Menschen neu hinzukommt.

Schon der Schritt zur sekundären Vertrautheit, die Synthese von Nähe und Selbständigkeit in einer neuen Bindung nach der Lösung aus der Ursprungsfamilie, gelingt heute vielen nicht mehr. Lassen sich anhand Ihres Modells Grunddimensionen beschreiben, von denen das Glücken oder Scheitern des Zusammenlebens Erwachsener abhängt?

Auch hier möchte ich grundsätzlich sagen: Mit der Umsetzung von Erkenntnissen der Grundlagenforschung auf Anwendungsfragestellungen sind wir in der Psychologie leider noch nicht so weit wie etwa die Physiker. Ich bin an der Frage der klinischen und alltagspsychologischen Anwendbarkeit meines Modells zwar ausgesprochen interessiert, und ich glaube auch, daß es dafür fruchtbarer sein kann als das sterile Dogmensystem der freudianischen Orthodoxie. Aber die Umsetzung in die Praxis gelingt nicht im Hauruckverfahren. Im Alltag spielen viel mehr Bedingungen eine Rolle, als in einem wissenschaftlichen Modell abgebildet werden können.

Doch ich will mich vor der Beantwortung Ihrer Frage nicht drücken. Günstig für partnerschaftliches Zusammenleben ist es sicherlich, wenn beide sich in der richtigen Weise aus ihrer Herkunftsfamilie gelöst haben, wenn ihnen also sowohl die emotionale Abkoppelung gelungen ist als auch die Rückbindung. Sonst gerät der Partner nämlich schnell in die Rolle dessen, der die Elternbeziehung fortzusetzen hat. Die Problematik dieser ungelösten Beziehung überträgt sich auf ihn nicht

Norbert Bischof wurde 1930 in Breslau geboren. Er studierte in München Psychologie, Philosophie und Zoologie und war ab 1958 Schüler und Mitarbeiter von Erich von Holst am Max-Planck-Institut für Verhaltensphysiologie in Seewiesen. In den 60er Jahren promovierte er über das Thema Wahrnehmungspsychologie und wurde ab 1966 Assistent von Konrad Lorenz. 1973 war Bischof für zwei Jahre Gastprofessor am *California Institute of Technology* in Pasadena, bevor er Professor für Allgemeine Psychologie und Direktor der Biomathematischen Abteilung am Psychologischen Institut der ETH Zürich wurde.

Die Inzestproblematik, die Bischof seit seiner Zeit in Seewiesen erforscht hat, birgt weit mehr Brisanz, als es auf den ersten Blick scheinen mag. Denn in diesem Musterfall organismischer »Distanzregulation« kulminiert nicht nur der spannungsreiche Prozeß, Nähe und Geborgenheit bei den Eltern zu finden, sich später von ihnen zu lösen und neue Bindungen einzugehen; in ihm tritt auch das Wechselspiel zwischen kulturellen Normen sowie instinktiven Antrieben und Hemmungen des Menschen zutage – einerseits unterscheidet er sich grundlegend von seinen tierischen Vorfahren, andererseits kann er offenbar doch nicht leugnen, daß er in der Kontinuität seiner stammesgeschichtlichen Herkunft steht.

Dargestellt hat Norbert Bischof diese komplexen Zusammenhänge in einem elegant geschriebenen, aber trotzdem nicht einfach zu lesenden Buch. Und man mag vom biologischen Menschenbild halten, was man will: »Das Rätsel Ödipus« (1985 erschienen) ist – in der enzyklopädischen Weite des Horizonts und in der Schlüssigkeit der Argumentation – zweifellos ein bedeutendes literarisches Dokument deutscher Natur- und Geisteswissenschaft. Über Konrad Lorenz schrieb er 1991 das Psychogramm »Gescheiter als alle die Laffen«.

selten so, daß die gegenüber den Eltern versäumte Ablösung dann am Partner tatsächlich vollzogen wird und die Ehe auseinandergeht.

Ferner spielt eine wesentliche Rolle, daß sich die sekundäre Vertrautheit von der primären in mehrfacher Hinsicht unterscheidet. Die primäre Vertrautheit ist sehr viel weniger reversibel als die sekundäre; es bedarf keiner besonderen Anstrengungen, sie am Leben zu erhalten. Die sekundäre Vertrautheit ist labiler, sie klingt bei räumlicher Trennung rascher wieder ab und ist andererseits auch anfälliger für Überreizung durch Mangel an Distanz. Deshalb müssen Mechanismen einer organischen Distanzregulation in höherem Maß wirksam werden; das Optimum von Nähe und Vertrautheit darf weder zu weit unter- noch überschritten werden.

Nach der Logik des Zürcher Modells besteht das Geheimnis der beständigen sekundären Bindung darin, daß der Partner sowohl vertraut wird als auch fremd bleibt, daß er sowohl mein Bedürfnis nach Sicherheit als auch mein Bedürfnis nach Erregung beständig zu befriedigen vermag. Nun ist es doch aber so, daß die Vertrautheit mit der Dauer des Zusammenlebens steigt und der »Fremdheitsanteil« im gleichen Maße sinkt. Der Partner müßte einem also immer langweiliger werden und schließlich kaum noch Erregung hervorrufen können, so daß über kurz oder lang eine Überdrußreaktion unvermeidlich wird.

Damit dieser Effekt nicht eintritt, ist zunächst einmal wichtig, daß keiner der Partner seine Spontaneität verliert. Diese muß nicht unbedingt in hohen intellektuellen Sphären beheimatet sein, sondern kann ganz einfach in einer ungebrochenen Eigenständigkeit bestehen, die Welt zu sehen und mit ihr umzugehen.

Die Spontaneität kann freilich durch verschiedene Faktoren gehemmt werden, vor allem durch Selbstunsicherheit und Angst vor Auseinandersetzungen. Man will dann nur noch auf Nummer Sicher gehen; statt sich so zu geben, wie man ist, verhält man sich lieber so, wie der andere es vermeintlich von einem erwartet. Auf Dauer erstarrt man durch solche Unehrlichkeit aber zum Klischee, wird vorhersagbar, kalkulierbar und langweilig; die Quelle der Spontaneität ist verstopft.

Eine lebendige und lebensfähige Beziehung, in der Spontaneität und Aufrichtigkeit bewahrt bleiben, verlangt daher auch Mut zur konstruktiven Auseinandersetzung mit dem Partner. Denn das freimütige und für den anderen gelegentlich unerwartete Ausdrücken von Gefühlen und Bedürfnissen beschwört natürlich Interessenkonflikte herauf, und die müssen dann ausgefochten werden.

Ich meine also, drei aufeinander aufbauende Faktoren bilden die Basis lang dauernder echter Bindungen: Spontaneität, Ehrlichkeit und die Bereitschaft zur, im Einzelfall auch kämpferisch-aggressiven, Auseinandersetzung.

(Mit Norbert Bischof sprach Rüdiger Runge)

ERIK ERIKSON

»Reif sein heißt, mit dem Hauptkonflikt jeder Lebensphase fertig zu werden«

Erik Erikson, Psychoanalytiker und Entdecker der Identitätskrise, spricht über Lebenszyklen, Alter, Gewaltfreiheit, Sexualität und die neue Identität der menschlichen Art. Er beschreibt das eigene Alter als ein Stadium der Verwunderung, in dem Staunen, Freude und Verspieltheit der Kindheit entdeckt werden.

Professor Erikson, Ihre Theorie zur Entwicklung des Menschen hat sich allgemein durchgesetzt und bestimmt weitgehend unsere Auffassung vom Lebenszyklus. Sie selbst haben jetzt das achte und damit letzte Stadium dieses Zyklus erreicht. Hat Ihre eigene Erfahrung Ihre Ansicht über die menschliche Entwicklung verändert?

Zweifellos. Doch in meinem Buch »Der vollendete Lebenszyklus« (*The Life Cycle Completed*) habe ich meine Ansichten noch einmal kritisch aufgearbeitet und dabei den Schwerpunkt in erster Linie auf die innere Logik gelegt. Natürlich konnte ich mir vor 30 Jahren mich selbst nicht als alten Mann vorstellen. Außerdem war das Bild, das man sich damals vom Alter machte, ein völlig anderes. Sicher hat die Theorie nicht alle jüngeren gesellschaftlichen Veränderungen berücksichtigt. Denken Sie nur an die vielen tausend alten Leute, die heute am Leben sind, doch vor 30 Jahren in diesem Alter nicht mehr am Leben gewesen wären. Aber ich habe immer betont, daß beim Studium des Menschen unter historischen Gesichtspunkten alles relativ ist.

Wie wirkt sich die Zunahme der älteren Menschen auf das Erlebnis des Alters aus?

Vor 30 Jahren haben wir von den *Alten* gesprochen und meinten damit die Handvoll weiser alter Frauen und Männer, die dem Tod würdevoll ins Auge sahen. Aber von diesen Alten kann es in einer Gesellschaft nur relativ wenige geben. Die große Gruppe von alten Menschen in noch guter körperlicher Verfassung ist der Grund dafür, daß wir heute von den *Älteren* sprechen, nicht mehr von den Alten.

Allein die Existenz dieser Gruppe bedeutet, daß wir die Rolle des Alters überdenken müssen. Altsein ist ein Teil des Lebens, doch wir sprechen – vielleicht weil Jugend in unserer Kultur eine so große Rolle spielt – weiter von den späten mittleren Jahren, so als ob alt sein komisch wäre oder schlimm.

Haben Sie angesichts dieser Entwicklung – immer mehr Menschen werden immer älter – schon einmal daran gedacht, ein weiteres Stadium innerhalb des Lebenszyklus – zwischen dem mittleren Alter und dem Alter – einzuschieben?

Die verschiedenen Lebensstadien sind ja nicht gleich lang. Man kann also immer ein Stadium länger ansetzen und es als Übergangsstadium beschreiben, auch wenn es etwas seltsam klingt, am Lebensende von einem Übergangsstadium zu sprechen. Die größte Veränderung innerhalb der letzten Lebensphase wäre es, wenn alte Menschen weiterhin Dinge tun könnten, von denen allgemein angenommen wird, sie seien zuviel für sie. Das Stadium der mittleren Jahre ist das der Generativität. Die Frage ist, wie lange können alte Leute generativ bleiben?

Generativität ist das Interesse an der Erzeugung und Erziehung der nächsten Generation. Wie können alte Menschen in diesem Sinn fruchtbar sein?

Meine Definition schließt Produktivität und Kreativität mit ein. Natürlich können sich alte Menschen nicht mehr im biologischen Sinn fortpflanzen. Doch sie können produktiv und kreativ sein. Das Kreativitätspotential alter Menschen ist wahrscheinlich bis heute weit unterschätzt worden. Es gibt nur ein paar Alte, die als Ausnahme hervorgehoben werden.

Menschen wie Pablo Casals oder Picasso?

Ja. Aber sie könnten doch für etwas stehen, was viele alte Menschen zu leisten imstande sind. Dieser Wandel im Erlebnis des Alters bedeutet nicht unbedingt, daß man ein neues Lebensstadium einführen muß, vielleicht dauert nur der Übergang zum Greisenalter länger. Man wird eines Tages von den Menschen erwarten, daß sie länger im Arbeitsprozeß bleiben. Und selbst nachdem sie im Ruhestand sind, können alte Leute füreinander und für die jüngeren Generationen von Nutzen sein.

Meinen Sie beispielsweise ehrenamtliche Arbeiten?

Das kommt darauf an. Viele ehrenamtliche Posten haben denselben Beigeschmack wie das Wort »älter«. Diese Arbeit wird nicht als »echte« Arbeit angesehen. Es ist aber gerade wichtig, daß die Qualität wirklicher Arbeit erhalten bleibt, auch wenn man die Arbeitsbedingungen den jeweiligen Umständen etwas anpaßt.

Alte Leute können auch noch auf eine andere Weise generativ sein: Sie können gute Großeltern sein – nicht nur für ihre eigenen Enkel. Ich bin fest davon überzeugt, daß alte Menschen und Kinder einander brauchen, daß es eine Affinität zwischen Alter und Kindheit gibt, die den Lebenszyklus abrundet. Wie Sie wissen, erscheinen alte Leute manchmal kindlich. Es ist wichtig, daß man uns gestattet, manche Eigenschaften, die wir als Kinder hatten, noch einmal aufleben zu lassen.

Meinen Sie damit, die Dinge mit den Augen eines Kindes zu betrachten, so als ob man sie zum erstenmal sähe?

Ja, so ungefähr. Einstein hat das Wort »Verwunderung« benutzt, um seine Erfahrung als Kind zu beschreiben, und viele hielten ihn deshalb für kindlich. Die Relativitätstheorie hätte er nie formulieren können – so behauptete er –, wenn er jemals aufgehört hätte, kindliche Fragen zu stellen.

Wenn ich also sage, alte Menschen denken wie Kinder, dann meine ich damit nicht, daß sie kindisch sind, sondern die Welt mit Staunen, Freude und Verspieltheit sehen – all den Dingen, die Erwachsene in den mittleren Jahren für eine ganze Weile opfern müssen.

Weil sie Pflichten haben?

Ich meine Dinge, um die sie sich kümmern müssen. Die Hindus nennen es: die Welt am Laufen halten. Die Technologie hat offensichtlich diese Beziehung zwischen Alt und Jung gestört, weil sie die Menschen aus ökonomischen Gründen in Gemeinschaften konzentriert – in Altersheimen beispielsweise. Die Technologie ist es aber auch, die es Jung und Alt möglich macht, über weite Entfernungen hinweg zusammenzukommen. Man kann z. B. fliegen oder sich ins Auto setzen und losfahren.

Und man kann telefonieren. Die Technologie unterbricht einerseits den Zyklus, fügt ihn andererseits jedoch wieder zusammen. Wie wird die Verlängerung eines leistungsfähigen Lebens unsere Erwartungen vom Lebenszyklus verändern? Was passiert, wenn der 25jährige die Erwartung eines 60jährigen Ehelebens mit demselben Partner vor sich hat?

Auch die Ehen haben sich verändert. Es ist kein Zufall, daß es langsam gesellschaftsfähig wird, mehrere Male zu heiraten.

Man hat ja in unserer Kultur vor nicht allzu langer Zeit die Einsicht gewonnen, daß Sexualität als Bestandteil des Alters von Bedeutung sein könnte. Glauben Sie, daß dies die Erfahrung des Älterwerdens verändert?

Sicherlich. Früher glaubte man, daß Sexualität im Alter entweder nicht existiert oder nicht zu existieren hat. Heute hat der einzelne die Wahl. Sexualität im Alter ist ein angenehmes »Kann«, kein »Muß«. Nachdem es mit der Fruchtbarkeit im Alter vorbei ist, lautet die Frage: »Was bleibt übrig, und was ist wichtig im Leben?« Ich nenne es eine generalisierte Sinnlichkeit, die etwas mit Spiel zu tun hat, mit der Wichtigkeit des Augenblicks, und die uns möglicherweise diese kindhafte Eigenschaft im Alter zurückbringt.

Meinen Sie eine spielerische Sexualität, die nicht unbedingt ihren Höhepunkt im Geschlechtsakt zu finden braucht?

Ja. Halten wir fest, daß die geschlechtliche Seite länger von Interesse sein kann, als man angenommen hat. Natürlich schließt Sexualität Nähe und Spiel ein. Sie ist von Natur aus entspannend, wenn die Zeit der Fortpflanzung vorbei ist.

Der Faktor Zeit, die Verantwortung, vielleicht auch die Angst fallen weg. Aber wieso wird augenblicklich die entspannende Seite des Sex für alle Altersgruppen so stark betont?

Wir unterscheiden zwischen Intimitäten und *der* Intimität. Sex, der rein entspannend ist, schließt Intimitäten mit ein. Aber es liegt auf der Hand, daß *die* Intimität eine größere Bedeutung für die Person insgesamt hat als Intimitäten.

Im Stadium des frühen Erwachsenseins steht nach Ihrer Theorie der Konflikt zwischen Intimität und Isolation im Mittelpunkt. Glauben Sie, daß die Faszination, die in unserer Kultur vom rein entspannenden Sex ausgeht, unsere Fähigkeit zur Intimität beeinflußt?

Das kann durchaus sein. Es ist zum Teil wohl auf ein falsches Verständnis der Psychoanalyse zurückzuführen, auf die Vorstellung, daß man nichts verdrängen, sondern alles ausleben soll. Dann allerdings wird die geschlechtliche Entspannung zur wichtigsten Sache der Welt. Wenn wir von der Entwicklung der Intimität an sich sprechen, dann meinen wir die gegenseitige Bezogenheit zweier reifer Menschen. Intimitäten können im Leben eines Menschen eine gewisse Zeit ausmachen, und das kann sich auch wiederholen, aber sie können nicht das eigentliche Ziel von Sexualität sein.

Also rein entspannender Sex ist okay in späteren Jugendjahren oder nach einer Scheidung, oder ...

Wenn Sie den Begriff »okay« oder »in Ordnung« ins Spiel bringen, dann ist die Frage: »In welcher Umgebung?« Und es hängt eben völlig davon ab, was für ein Mensch man ist. Manche können sich mit den Nebensachen des Lebenszyklus abfinden. Worauf es ankommt, ist doch, ob man reif genug ist, mit dem Hauptkonflikt jedes Zeitabschnitts fertig zu werden. Manche Menschen machen sich mit ihrer sogenannten entspannenden Sexualität nur etwas vor. Im Grunde fühlen sie sich isoliert, weil ihnen die Gegenseitigkeit, die wirkliche Intimität, fehlt. Im Extremfall hat jemand ein hochaktives Sexualleben und fühlt sich doch entsetzlich isoliert, weil er als Person nie wirklich präsent ist und den Partner auch nie als Person wahrnimmt.

Und das könnte dazu führen, daß man seine sexuelle Aktivität noch steigert, in der Hoffnung, das Gefühl der Isolation loszuwerden, weil man seine eigentlichen Ursachen nicht erkannt hat.

Echte Intimität bedeutet, daß man fähig ist, sich einer Beziehung hinzugeben, die unter Umständen Opfer und Kompromiß abverlangt. Die größte Stärke des jungen Erwachsenen ist Liebe – eine wechselseitige, reife Hingabe.

In Ihrem jüngsten Buch sind Sie über Freud hinausgegangen und haben das Stadium einer generalisierten Sinnlichkeit im Alter angeführt. Seine psychosexuelle Stadieneinteilung endete mit der Geschlechtsreife im frühen Erwachsenenalter.

Wenn man sich an Freud hält, gipfelt im frühen Stadium die Sexualität im Geschlechtsakt, das heißt im wesentlichen ge-

genseitiger geschlechtlicher Genuß. Wir haben zwei weitere psychosexuelle Stadien aufgestellt: Fortpflanzungsfähigkeit im mittleren Alter und eine generalisierte Sinnlichkeit im Alter. Ich habe beide auf meiner Lebenszyklus-Karte in Klammern gesetzt, weil sie in der psychoanalytischen Theorie nicht voll ausdiskutiert sind.

Sehen Sie, ich glaube, daß es einen Fruchtbarkeitstrieb gibt, einen instinktiven Wunsch, Kinder zu haben. Es ist wichtig, sich das zu vergegenwärtigen.

Was geschieht mit jemandem, der beschließt, keine *Kinder zu bekommen?*

Da wir uns historisch in einer Zeit befinden, in der die Geburten zurückgehen müssen, dürfte es viele Menschen geben, die sich gegen Kinder entscheiden. Aber es ist wichtig, daß sie wissen, was sie *nicht* tun. Hier besteht die Gefahr, daß sie das Gefühl von Frustration und Verlust unterdrücken, das mit der Ablehnung der eigenen Fruchtbarkeit einhergeht, so daß sich eine neue Form unbewußter Verdrängung entwickelt.

Mit Verdrängung meinen Sie, es völlig aus dem Bewußtsein zu streichen. Wenn also jemand fragte: »Tut es Ihnen manchmal leid, keine Kinder zu haben?«, würde der Betroffene ehrlich antworten können: »Nein.« Was aber macht man, wenn man eines Morgens mit 45 oder 50 aufwacht und sich fragt: »Was habe ich da bloß getan?«

Nicht getan, muß es lauten. Für solche Fälle gibt es kein einheitliches Rezept. Man könnte natürlich empfehlen zu sublimieren. Freud hat das sehr klar dargelegt. Sublimieren ist das richtige Wort. Der Drang zur Fruchtbarkeit muß in sozial fruchtbare Bahnen gelenkt werden. Menschen, die keine eigenen Kinder haben, könnten dazu beitragen, daß allen Kindern auf der Welt geholfen wird. Viele Paare kümmern sich heute um Kinder, die nicht ihre eigenen sind – und sie leisten gute Arbeit. Das ist ein neuer Trend, der auch etwas mit der Veränderung der Ehe zu tun hat. Noch vor wenigen Jahrzehnten betrachtete man ein Kind eher als persönlichen Besitz. Damals war es sehr wichtig, um wessen Kind es sich handelte. Das ist heute anders.

Die acht Stadien des Lebenszyklus

Erik Eriksons Modell des menschlichen Lebenszyklus hat die Form eines Gitternetzes. Auf der linken Seite stehen die »acht Phasen der Menschen«; die Krisen, denen der Mensch in den einzelnen Phasen begegnet, sind diagonal von unten links bis oben rechts eingetragen; und die Errungenschaften oder »Tugenden« der einzelnen Phasen stehen auf der rechten Seite. Die geistige Gesundheit und die Tugend (im Sinne von »inhärenter Stärke«) eines Menschen hängen davon ab, wie gut die Ich-Identität die vorausgegangenen Phasen und ihre Konflikte überwindet, indem sie das Mißtrauen in das Urvertrauen einschließt (nicht zurückweist), Augenblicke der Isolation in die Intimität

Phase	1	2	3	4	5	6	7	8	Tugend
Reife								Ich-Integrität versus Verzweiflung	Weisheit
Erwachsenenalter							Zeugende Fähigkeit versus Stagnation		Fürsorge
Frühes Erwachsenenalter						Intimität versus Isolierung			Liebe
Pubertät und Adoleszenz					Identität versus Rollenkonfusion				Treue
Latenzphase				Leistung versus Minderwertigkeitsgefühl					Kompetenz
Lokomotorisch-genital			Initiative versus Schuldgefühl						Absicht
Muskulär-anal		Autonomie versus Scham und Zweifel							Wille
Oral-sensorisch	Urvertrauen versus Urmißtrauen								Hoffnung

aufnimmt und so weiter. Der einzelne kann für sich das Gitternetz ausfüllen, um zu sehen, wie vorausgegangene Krisen sich immer wieder in der gerade vorherrschenden Krise zeigen.

(Aus: Modelle des Menschen. Ein Handbuch des menschlichen Bewußtseins, Beltz Verlag Weinheim und Basel, 1982)

Heute haben wir »sein« Kind, »ihr« Kind und »unser« Kind in vielen Familien, neben adoptierten Kindern aus der Dritten Welt. Das Bedürfnis, fruchtbar zu sein, ist eng verbunden mit der Generativität, die Sie ja als eine grundsätzliche Tendenz des Erwachsenenalters ansehen. Muß dieses Bedürfnis unbedingt befriedigt werden, indem man direkt mit Kindern arbeitet, oder gibt es andere Formen der Sublimierung?

Deshalb nenne ich es ja Generativität, um über die reine Zeugungsfähigkeit hinauszugehen, nachdem wir diese mal akzeptiert haben. Dieses Bedürfnis kann natürlich auch in Kreativität und Produktivität umgewandelt werden.

Es fällt mir leicht zu verstehen, wie ein kinderloser Künstler, ein Schriftsteller oder Lehrer Generativität durch Arbeit sublimiert. Wie aber macht das ein kinderloser Klempner?

Sie sollten die generativen Beiträge, die ein Klempner leistet, nicht unterschätzen. Er könnte Kirchenmitglied sein und etwas für die Kinder der Gemeinde tun. Außerdem ist er immer noch Wähler.

Dann kann das Bedürfnis, für künftige Generationen Sorge zu tragen, durch die Förderung eines fruchtbaren sozialen Systems befriedigt werden?

Sicher. Auch das ist ein Grund dafür, warum mir der Hindu-Ausdruck »die Welt am Laufen halten« so gut gefällt.

Sie stellen die Generativität zwei weiteren, entgegengesetzten Trends im Erwachsenenalter gegenüber, und das sind Selbstabsorption (das Sich-um-die-eigene-Achse-Drehen) oder Sta-

gnation. Wenn sich die Generativität als Prinzip in einem Menschen durchsetzt, dann entwickelt er einen anderen Zug sehr stark – und zwar die »Fürsorge«. Doch hat die Generativität auch ihr antagonistisches Gegenstück: die Fähigkeit zur Ablehnung, zum Neinsagen.

Ich möchte betonen, daß diese beiden Dinge zusammengehören. Generativität sollte nicht als Errungenschaft betrachtet werden, die ein für allemal die Stagnation überwindet. In uns steckt meistens beides. Wenn Sie die Lebensläufe sehr kreativer Menschen verfolgen, werden Sie feststellen, daß diese Menschen zu Zeiten das Gefühl haben, völlig zu stagnieren. Die Interaktion solcher Gegensätze ist charakteristisch für jedes Stadium des Lebenszyklus.

Ist es so, daß nach der erfolgreichen Überwindung einer Krise die unterlegene Eigenschaft nicht verschwindet, sondern sich das Gleichgewicht nur verschiebt und die positive Eigenschaft das Übergewicht gewinnt?

Ja, es ist eine Frage des Gleichgewichts. Wir vermeiden jedoch die Begriffe »positiv« und »negativ«. Manchmal kann eine Eigenschaft, die in unserer Terminologie unter die »dystonischen« (mit einer Tendenz zum Ungleichgewicht) fällt, positive Aspekte haben. Die Lebenskrise im Alter schließt beispielsweise den Konflikt zwischen Integrität und Verzweiflung ein. Wie wäre es denn möglich, integer, also aufrichtig zu sein, und nicht gleichzeitig auch über bestimmte Dinge im eigenen Leben oder über die menschlichen Bedingungen allgemein zu verzweifeln? Selbst wenn Sie ein wunderschönes Leben geführt haben, müßte Sie die Tatsache, daß so viele Menschen ausgebeutet oder vernachlässigt wurden, verzweifeln lassen.

Die Menschen sollten also nicht erwarten, daß sie durch acht rosarote Stadien gehen, wenn sie ihr Leben nach der Eriksonschen Theorie ausrichten. Kann man das, was Sie die »syntonische« (ausgeglichene) Qualität jedes Lebensstadiums nennen, entwickeln, ohne zugleich die entsprechende »dystonische« Qualität zu besitzen? Gibt es Generativität ohne Stagnation, Vertrauen ohne Mißtrauen?

Bleiben wir beim letzteren: Es beschreibt die psychosoziale Krise der Kindheit. Urvertrauen heißt, daß das Kind gelernt hat, sich auf seine Bezugspersonen zu verlassen, zu wissen, daß sie dasein werden, wenn es sie braucht; es heißt aber auch, daß es sich selbst für vertrauenswürdig hält. Aber stellen Sie sich vor, wie jemand sein würde, der überhaupt kein Mißtrauen kennt?

Leichtgläubig, gelinde ausgedrückt. Wir würden wahrscheinlich annehmen, daß er nicht ganz helle ist.

Aus dem Konflikt zwischen Vertrauen und Mißtrauen entwickelt das Kind Hoffnung. Das ist die früheste Form dessen, was beim Erwachsenen nach und nach zu Glauben, Gewißheit wird. Wenn Sie sagen, ein Erwachsener hat Hoffnung, dann würde ich antworten: »Na, hoffentlich«, wenn Sie aber sagen, ein Baby habe Gewißheit oder Glauben, dann würde ich antworten: »Das muß aber ein tolles Baby sein.« Glaube, wirklicher Glaube, ist eine sehr reife Haltung.

Sie meinen, die verschiedenen im Alter vorherrschenden Züge nehmen andere Formen an, weil sie von einer Kraft im Alter gemildert oder beherrscht werden – der »Weisheit«.

Ja. Alt ist man, wenn eine gewisse Weisheit möglich, wenn nicht gar notwendig ist, solange man nicht so tut, als sei man schon gar nicht mehr auf dieser Welt.

Das Gebot des Franz von Assisi lautete: Ändern, was man ändern kann, und nicht verändern, wo es keine Hoffnung auf Veränderung gibt – aber weise genug sein, den Unterschied zu erkennen.

Ja, obwohl man zögert, es alles zu einfach zu machen.

Wenn man das Leben sieht wie einen gewebten Teppich, jedes Stadium in einer anderen Farbe, dann würde das Muster, das letztlich bei jedem einzelnen herauskommt, immer unterschiedlich sein. Kann jemand die Krise des Alters, den Kampf zwischen Integrität und Verzweiflung, erfolgreich durchstehen, wenn er die vorangegangenen Stadien nicht zufriedenstellend hinter sich gebracht hat?

Es ist unmöglich, sich einen Menschen vorzustellen, der alle sieben Lebensstadien gleich gut meistert – um es offen zu sagen, ich hoffe, nie einem solchen Menschen zu begegnen. Am Ende des Lebens macht man den Versuch, eine existentielle Identität für sich zu finden. Es mag hochtrabend klingen, aber diese existentielle Identität muß aus der psychosozialen Identität hervorgehen.

Für jemanden, der wie Sie seinen Beruf so lange ausüben kann, wie er will, steht die Identität nicht so stark in Frage wie für jemanden, der mit 60 oder 65 pensioniert wird und dann einen großen Teil dieser Identität verliert. Er ist plötzlich nicht mehr Klempner oder Hirnchirurg.

Fällt Ihnen nicht auf, daß Sie sich ausschließlich auf Männer beziehen?

Auch eine Frau kann Klempner werden oder Hirnchirurg.

Der Grund, warum Männer im allgemeinen früher sterben als Frauen kann rein biologische Ursachen haben. Es könnte jedoch auch damit zusammenhängen, daß die psychosoziale Existenz des Mannes so eng mit seinem Beruf verknüpft war.

Nehmen wir das traditionelle Leben der Frau. Wenn diese Frau plötzlich Witwe wird, verliert sie die Identität als »Gattin«, aber sie lebt weiterhin meist weitaus länger als die Männer um sie herum.

In vielen Kulturen ist auch der Witwenstatus mit einer speziellen Identität verbunden. Außerdem hat die den Mann überlebende Frau in vielen Kulturkreisen die Rolle der Großmutter.

Und diese Rolle ist traditionell stärker als die des Großvaters. Damit wäre die Grundlage für Identität sichergestellt.

Selbst unter Berücksichtigung eines heute verlängerten Lebens ist es doch relativ selten für ein Paar, zusammen alt zu werden. Sie wissen, wieviel mehr Witwen es gibt als Witwer.

Ehemänner sind auch heute noch meistens älter als ihre Frauen. Wenn also eine Frau erwartet, daß sie etwa mit 70 Witwe sein wird anstatt mit 60 Jahren, dann heißt das: Wir schieben die Er-

fahrung des Alters hinaus, indem wir dieses frühere Stadium verlängern.

Richtig. Das zeigt, daß wir uns nicht unbedingt auf das Thema eines Lebenszyklus festlegen, sondern Veränderungen beobachten lernen und dann entscheiden, ob die zuvor gewählten Begriffe für Stärken und Schwächen noch zutreffen.

Ursprünglich hatten wir übrigens die Stärken eines jeden Lebensstadiums »virtues« – also Tugenden – genannt. Als uns klar wurde, daß das englische Wort »virtue« vom lateinischen »virtus« und das wiederum von »vir« – Männlichkeit – abstammt, habe ich den Begriff »Stärke« gewählt, um den Eindruck zu vermeiden, es gehe bei »Tugenden« um männliche Qualitäten.

Da wir von Frauen gesprochen haben; wie unterscheiden sich eigentlich die Anforderungen zur Bildung der Identität bei heranwachsenden Mädchen und Jungen?

Es sind dieselben. Die Lebensstadien, die jeweiligen Stärken und Risiken, sind für Männer und Frauen gleich. Es ist eher so, daß sich die sexuellen Unterschiede gegenseitig ergänzen. Kinder müssen lernen, Jungen oder Mädchen zu werden. Wenn die Erziehung nicht besonders rollenfixiert ist, haben beide Geschlechter einen gewissen Spielraum. Ein kleiner Junge kann sich ein bißchen wie ein Mädchen benehmen und umgekehrt. Wesentlich ist, daß sich die jeweilige Stärke eines bestimmten Lebensstadiums bei beiden, bei Jungen und Mädchen, entwickeln muß – wie beispielsweise Willenskraft, Ehrgeiz oder Identität.

Mögen die Anforderungen für jedes Lebensalter dieselben sein, inhaltlich könnte es doch in verschiedenen Gesellschaften gravierende Unterschiede geben. Können nicht auch die Zeitspannen, die eine Kultur einer bestimmten Lebensphase zubilligt, verschieden sein? Nehmen wir die Zeit des Erwachsenseins, in der sich die Identität herausbildet. Man nimmt an, daß es eine Art Zwischenzeit gibt, in der der Jugendliche noch nicht die volle Verantwortung des Erwachsenen trägt. In vielen Kulturen wird dieser Phase nur eine sehr kurze Zeit von ein paar Wochen, die oft lediglich mit Pubertätsriten ausgefüllt sind, zuer-

kannt. Wenn eine Gesellschaft einem bestimmten Lebensstadium so wenig Bedeutung beimißt, hat das einen Einfluß darauf, wie man mit dieser Phase fertig wird?

Wenn eine Gesellschaft die Zeit des Heranwachsenden in eine so kurze Zeitspanne komprimiert, muß das nicht bedeuten, daß sie diesen Lebensabschnitt für unwichtig hält. Sie haben etwas abfällig von »lediglich« Pubertätsriten gesprochen. Pubertätsriten sind ein dramatisches und außerordentlich existentielles Erlebnis, durch das ein Kind geht. Der Übergang mag kürzer sein, aber ungemein intensiv.

Bleiben wir bei unserer Gesellschaft. Sie haben einmal betont, während der Zeit der Identitätsfindung könne der Heranwachsende in »Totalismus« verfallen, in ein rigides Selbstkonzept, das ihn besonders anfällig für totalitäre Bewegungen macht. Wie unterscheidet sich die Realität eines 40jährigen Ku-Klux-Klan-Mitgliedes oder eines deutschen Rechtsradikalen von der Radikalität eines Jugendlichen?

Ich habe Radikalität nie ausschließlich auf jugendliches Denken bezogen. Es ist ein ideologischer Aspekt, der zum Denken junger Leute oft einen leichten Zugang hat. Das soll nicht heißen, daß es nach diesem Lebensalter keine Radikalität mehr gibt.

Würden Sie sagen, daß der Totalismus eines Nazis im mittleren Alter oder eines Terroristen eine ungelöste Identitätskrise in der Jugend widerspiegelt?

Wenn man einen Einzelfall untersucht, kann man durchaus darauf stoßen, daß dieser Mensch zu einem früheren Zeitpunkt etwas nicht gelöst hat. Aber es kann auch einer ganzen Gruppe so ergehen – wie den jungen Deutschen nach dem Ersten Weltkrieg. Unter den damaligen historischen und ökonomischen Verhältnissen gelang es ihnen nicht, erwachsen zu werden, und so hat der ideologische Totalismus und Totalitarismus sie nach und nach in den Griff nehmen können.

Reden wir noch über einen anderen Aspekt von Identität: die Beziehung zur Gesellschaft. Sie haben immer die Bedeutung des historischen Augenblicks für den Lebenszyklus betont.

Wie sich die nationale oder kommunale Identität entwickelt, hängt in hohem Maße davon ab, welches Gewicht die nationale, politische oder religiöse Ideologie auf das »Ich-Gefühl« legt.

Bei George Orwell war in »1984« das »Ich« sehr klein geschrieben. Wie stand es damit in Hitler-Deutschland?

In einer solchen Gesellschaft steht der Führer unter Tausenden von Fahnen und sagt »ich«. Jedermann identifiziert sich damit. Das gibt ihnen das »Ich«-Gefühl. Der Gleichschritt tritt an die Stelle des Selbst-Seins.

Die Forschungsarbeiten von Joseph Adelson haben gezeigt, daß deutsche Kinder im Gegensatz zu amerikanischen und englischen häufiger meinten, jeder brauche einen starken Führer.

»Jeder braucht ihn« bedeutet doch, daß jeder ihn für sein eigenes »Ich«-Gefühl benötigt. Bestimmte geschichtliche Perioden können jedoch auch echten Glaubensstimmen Gehör verschaffen. Zur Zeit Jesu Christi verlief die jüdische Geschichte geradezu katastrophal für ein nationales »Ich«-Gefühl. Trotz Jehovas Oberherrschaft (»Ich bin«) war das Heimatland ständig in Gefahr, überfallen oder besetzt zu werden. Das Exil war das Schicksal vieler. Diese Situation hat wahrscheinlich wesentlich dazu beigetragen, daß sich die Menschen für die existentielle Botschaft Christi öffneten.

An dieser Stelle muß ich daran denken, wie die Atomwaffen heute die Grenzen zwischen ganzen Kontinenten verwischen und mit ihrer Drohung einer globalen Zerstörung uns förmlich zu dem Bekenntnis zwingen, daß wir alle zusammengehören und von derselben Art sind.

In Ihren Büchern »Der junge Mann Luther« und »Gandhis Wahrheit« zeigen Sie, daß die Versuche eines jeweils außerordentlichen Mannes, seine ganz persönlichen Probleme zu lösen, von besonderem Vorteil für die ganze Gruppe waren. Hätten nun Luther und Gandhi ihre vorangegangenen fünf Lebensstadien optimal für sich selbst gelöst, wären sie dann nicht so zufrieden gewesen, daß sie den Impuls zu so großen Umwälzungen gar nicht mehr gehabt hatten?

Ich weiß es nicht. Was ich aufzuzeigen versucht habe, war nicht nur, daß ein ungewöhnlicher Mann die *richtigen* Konflikte hatte, sondern daß er in einer Zeit lebte, die genau diesen Mann brauchte und die kollektiv lösen mußte, was persönlich nicht gelöst werden konnte. Beide haben für ihre Zeit in der Geschichte und für ihre eigenen Landsleute gelöst, was für sie selbst im Privatleben nicht zu lösen war. Und das ist es, was den eigentlichen Führer ausmacht.

Dann ist also der richtige persönliche Konflikt in der richtigen Person zum richtigen Zeitpunkt unter Menschen nötig, die gerade reif für diesen Konflikt sind. Vier Elemente, die zusammenfallen müssen.

Ja. Es war immer so, daß sich der Mensch und die speziellen Anforderungen seiner Zeit in einer bestimmten historischen Situation ergänzt haben.

Seit der Film »Gandhi« existiert, ist das Interesse an diesem Mann und an Ihrem Buch über ihn wieder aufgeflammt. Wir haben vorhin über Generativität gesprochen. Es scheint, als habe Gandhi sich mehr Sorgen über andere Menschen gemacht als über seine eigene Familie.

Er wurde zum Vater seiner Nation – er weitete seine väterlichen Gefühle auf alle Menschen aus. Er hat ganz offensichtlich für die gesamte menschliche Spezies gehandelt. Gandhi verkörperte übrigens eine seltsame und einzigartige Mischung aus mütterlichen und väterlichen Merkmalen.

Aber ist das nicht charakteristisch für die meisten kreativen Menschen?

Ja, schon, weil der Schwerpunkt dieser Menschen in ihrer Kreativität liegt, nicht in der der persönlichen Fortpflanzungsfähigkeit.

Ich werde immer gefragt, wie mir der Gandhi-Film gefällt. Der Film ist ganz anders als mein Buch. Ich habe ein psychoanalytisches Buch über Gandhi geschrieben, mit dem Versuch aufzuzeigen, in welchem Bezug die persönlichen Konflikte des Helden zu seinen historischen Taten stehen. Mein Ziel war, klarzumachen, wie Gandhi in diese Zeit, in den historischen

Augenblick, paßte, und was Gewaltfreiheit – seine Wahrheit – für ihn bedeutete. In dem Film war nicht die Spur eines entwicklungspsychologischen Standpunkts zu entdecken, aber das war wohl auch nicht zu erwarten.

Haben Sie das Gefühl, daß in dem Film etwas Wichtiges ausgelassen wurde?

Nur eines, und zwar der Eindruck, den diese gewaltlosen Menschen auf die Bewaffneten machten. Ich habe mir sagen lassen, daß einige britische Soldaten nicht in der Lage waren, ihren gewaltlosen »Angreifern« Widerstand zu leisten. Sie haben ihre Waffen weggeworfen. Vielleicht sind das nur Geschichten, aber ich hätte wirklich gern mal einige Soldaten so reagieren sehen. Ich glaube nämlich nicht, daß alle Briten so gefühllos und teilnahmslos waren, wie sie in dem Film dargestellt werden.

Als sich Gandhis Leute in Fünferreihen aufstellten und eine nach der anderen in die Knüppel lief, da habe ich mir die Soldaten angesehen – es waren Inder – und mich gefragt: »Was für Gefühle müssen sie haben?« Wie lange kann man auf jemanden einschlagen, ohne daß sich in einem selbst etwas dagegen wehrt?

Wenn man mit Gewaltlosigkeit etwas bewirken will, muß man schockieren. Es muß den gewaltsamen Gegner aufrütteln – ganz sanft. Was ist denn in einer solchen Situation wichtiger? Daß man Inder ist, Soldat, Offizier? Oder daß man Mensch ist? Es muß dazu kommen, daß die anderen Menschen plötzlich menschlich für einen werden. Dann kann man nicht länger auf sie einschlagen. Es ist übrigens erstaunlich, wie es die Amerikaner zu diesem Film hinzieht. Überrascht Sie das nicht?

Wenn man bedenkt, daß eigentlich jeder heute besorgt über einen möglichen Atomkrieg ist, dann überrascht es nicht mehr. Außerdem sind die Menschen beeindruckt von dem Film. Man rennt in der Pause nicht wie sonst zum Erfrischungsstand. Es ist still, man spricht nicht. Die Leute denken über das nach, was sie gerude gesehen haben.

Und es sind nicht die Intellektuellen. Der Film erreicht Menschen, die nicht zu einer speziellen Friedensorganisation gehören, und bringt sie zum Nachdenken. Darin liegt die Bedeutung dieses Films. Ich bin überzeugt davon, daß im Zentrum dieses Films etwas steht, was unsere christlich-jüdische Kultur bisher nicht ganz verstanden und noch nicht eingesetzt hat: gewaltfreie Aktionen, mit denen wir aus dem nuklearen Dilemma herauskommen könnten.

Dieses Dilemma bringt uns zurück auf die Fähigkeit, »nein« sagen zu können. Ablehnung ist in Ihrem Schema der Antagonist zur Generativität im Erwachsenenalter. Wo liegt da die Gefahr?

In unserem Schema stellt Ablehnung den Mangel an Bereitschaft dar, bestimmte Personen oder Gruppen in das generative Denken mit einzubeziehen.

Menschen verwenden entsetzlich viel Vorstellungskraft darauf, genau festzulegen, an wem ihnen *nichts* liegt – im generativen Sinn. In der Ablehnung anderer Menschen, anderer Gruppen, anderer Nationen liegt die Gefahr, daß sie zu dem führt, was ich die »Pseudo-Spezies« genannt habe. Die Menschen verlieren das Gefühl, daß wir alle zu einer Spezies gehören, und machen den Versuch, Menschen, die anders sind, als eine lebensbedrohende Spezies hinzustellen – eine Spezies, die nicht zählt, nicht menschlich ist.

Bei den Griechen war jeder Nichtgrieche ein Barbar, und die Navajos sprechen von sich als »dem Volk«, nicht einem Volk.

Es gibt viele andere Stämme, die das auch tun. Sie müssen den anderen im Sinne einer wohlanständigen Menschlichkeit entweder unterwerfen oder auslöschen. Man kann den anderen töten, ohne das Gefühl zu haben, einen Teil der eigenen Art umgebracht zu haben.

In dem Ausdruck »Pseudo« liegt ja etwas von »beinahe eine Lüge«. In dem Fall wüßte man, was man tut. Aber wenn Menschen wirklich so handeln, sind sie sich dessen nicht bewußt. Sie wissen nicht, was sie tun, oder?

Genau das ist der Punkt, und darum ist es so gefährlich. Das Paradoxe an der Sache ist, daß diese Pseudo-Spezies in dem

Erik Homburger Erikson ist 1902 in Frankfurt am Main geboren. Er wuchs mit seiner Mutter und seinem Stiefvater, einem deutschen Kinderarzt, auf. Sein Vater war Däne und hatte die Mutter vor seiner Geburt verlassen. Eriksons mitfühlendes Verständnis gerade für junge Leute mag zum Teil aus seiner eigenen, schwierigen Jugend herrühren. Derselbe Mann, der den Begriff der Identitätskrise geprägt hat, ging als Erwachsener selbst durch eine derart heftige Krise, daß sie ihn, wie er selbst sagt, bisweilen an den Grat zwischen Neurose und Psychose brachte.

Erik Erikson hatte Kunst in Wien studiert und wollte Kunstlehrer werden. Doch dann begegnete er Sigmund Freud und dessen Kreis und begann in seinen Zwanzigern unter Anna Freud am Psychoanalytischen Institut in Wien zu studieren. Nach dem Abschluß 1933 ging er in die Vereinigten Staaten. Hier arbeitete er in seiner eigenen Praxis und unterrichtete an der *Yale School of Medicine,* der *University of California* und schließlich der *Harvard University.*

Anders als die meisten Theoretiker ging Erikson über seine Beobachtungen an gestörten Menschen hinaus und schloß bei der Errichtung seines Gedankengebäudes Studien an gesunden Erwachsenen und an zwei Stämmen der Ureinwohner von Amerika mit ein. Gesellschaft und Geschichte sind nach seiner Ansicht starke prägende Kräfte in der Entwicklung des einzelnen. Er hat die Disziplin »Psychogeschichte« geschaffen, um das klarzumachen. Sein Buch »Der junge Mann Luther« (1958) zeigt, daß die einfühlsame Anwendung der Psychoanalyse zum Verständnis beiträgt, wie der »historische Augenblick« und das persönliche Leben eines Menschen ineinandergreifen und auf eine ganze Gesellschaft wirken können. »Gandhis Wahrheit« (1969), ein Buch, das 1970 sowohl den Pulitzer-Preis erhielt als auch »Buch des Jahres« in den USA war, hat ähnliche Einsichten in die Entwicklung kämpferischer Gewaltlosigkeit gegeben.

Glauben zusammenhält, das Beste der Menschheit zu repräsentieren. Das bindet und fördert Loyalität, Heldentum und Disziplin.

Das bedeutet, wir hätten ohne diese Art von Pseudo-Spezies keine Loyalität, keine Hingabe und persönliches Engagement. Das Problem ist doch, die positiven Aspekte zu bewahren und die negativen loszuwerden?

Die Existenz der Menschheit hängt von der Lösung dieses Paradoxons ab.

Man muß also seine Identität als Gruppe bewahren, so daß man eine kulturelle Tradition weitergeben kann.

Ja. Nur ist die Überzeugung wichtig, daß die eigene Kultur, das eigene System in einer Welt weiterleben kann, die unsere Feinde von gestern mit einschließt.

Wie stehen denn die Chancen, eine Identität der menschlichen Spezies zu entwickeln? Sind die besser als noch vor 15 Jahren?

Absolut. Schließlich sind wir doch eine Spezies.

(Mit Erik Erikson sprach Elizabeth Hall)

KENNETH J. GERGEN

»Die Psychologen haben die Rolle von säkularen Priestern übernommen«

Kann psychologische Forschung zu den »wirklichen« Fakten des sozialen Lebens vorstoßen? Kenneth Gergen verneint diese Frage und sieht die gesellschaftliche Aufgabe der Psychologie vor allem darin, Interpretationsangebote zu machen. Und diese Angebote müssen ständig revidiert und erneuert werden – denn es gibt keine Wahrheiten, auf denen man sich ausruhen kann. Psychologie heißt, das Selbstverständliche immer neu herauszufordern.

Herr Professor Gergen, Sie haben viele Jahre über das Selbst und die Selbst-Wahrnehmung geforscht und dabei zeigen können, daß vor allem sozialer Einfluß das Selbstkonzept von Menschen formt. Besonders leicht kann das Selbstwertgefühl manipuliert werden. Seit neuestem haben Sie nun das Selbstwertgefühl der Sozialpsychologen empfindlich getroffen, indem sie behauptet haben, daß ihre Forschungen bei weitem nicht so wichtig und ihre Ergebnisse nicht so dauerhaft sind, wie sie es gerne glauben würden.

Ich wollte vor allem zu einer breiteren Sichtweise der Sozialpsychologie herausfordern. In einem gewissen Sinne haben wir uns darin verstrickt, mit unserer Forschung »das nicht mehr Verbesserbare zu suchen«, die »wirklichen Fakten« des sozialen Lebens, die stabil und dauerhaft bleiben. Grundsteine des Wissens sollten gelegt werden, auf denen zukünftige Generationen aufbauen können. Das Experiment war in diesem Sinne etwas Existentielles, es wurde als Beitrag zur Zukunft der menschlichen Art verstanden, als Baustein für ein wissenschaftliches Gebäude, das bis in alle Ewigkeit wächst. Meine Kritik hat nun unglücklicherweise diese existentielle Krücke entfernt. Ich bin der Meinung, daß wir im wesentlichen damit beschäftigt sind, das gegenwärtige soziale Leben zu interpretieren. Die sozialen Handlungsmuster von heute sind einer starken Fluktuation unterworfen, und sie können schon überholt sein in dem Augenblick, wo die Öffentlichkeit darüber erfährt. In vielen Fällen haben wir es sogar geschafft, Verhaltensformen zu erfinden, die nur innerhalb der Wände eines Laboratoriums möglich sind. Ich habe aber auf keinen Fall die Absicht, die Sozialpsychologie zu zerstören. Wenn wir dem Würgegriff der traditionellen empiristischen Einstellung entkommen, gibt es eine ganze Reihe von aufregenden Forschungsalternativen zu entdecken, die wirklich sozial bedeutsam sind. Ich habe versucht, die Berechtigung solcher alternativen Wege zu liefern.

Brauchen die Psychologen für diese neuen Wege nur ein neues Bewußtsein vom Wert ihrer Arbeit, oder brauchen sie darüber hinaus auch neue Methoden der Erkenntnis und der Forschung?

Wir müssen genau klären, was »Bewußtsein« in diesem Falle heißt. Denn die Antwort ist entscheidend für die Arten von Methoden und Theorien, die daraus resultieren können. Mir scheint, daß wir als Psychologen an einer symbolischen Beziehung zur Gesellschaft teilnehmen, das heißt, daß wir eine gemeinsame Anstrengung unternehmen, das soziale Leben verstehbar zu machen. Als Psychologen bauen wir dabei auf einem gemeinsamen Fundus von Interpretationen und Erkenntnissen über die Wirklichkeit auf. Wenn unser Beruf jedoch wertvoll für die Gesellschaft sein soll, müssen wir diesen Fundus selbst wieder bereichern. Wir können uns nicht darauf beschränken, das wieder zurückzugeben, was wir vorher daraus entnommen haben. Unser wirkliches Potential liegt vielmehr darin, neue und nützliche Formen des Verstehens beizusteuern. Dieser Beitrag wird in Form von Theorien und Interpretationen aus unserer Forschung geleistet. Wir müssen uns klar darüber werden, wie bedeutsam Theorien und empirische Erläuterungen für die Handlungs- und Gestaltungsmöglichkeiten der Menschen sind. Unsere Theorien sollten diese Möglichkeiten vergrößern. Wir sollten Ideen anbieten, mit Hilfe deren Menschen ihre persönlichen Spielräume erweitern können, mit denen sie Probleme auf neue Art lösen und Dinge in einem neuen Licht sehen können.

Auf diese Weise erhielten die Psychologen eine enorme Macht. Sie wären die großen Sinnstifter und könnten das öffentliche Bewußtsein entscheidend beeinflussen.

Das ist richtig.

Andererseits glaube ich, daß die Macht der Psychologie, das Denken in einer Gesellschaft zu beeinflussen, überschätzt wird. Dazu kommt, daß es ja nicht nur jeweils ein Theorie- oder Interpretationsangebot an die Öffentlichkeit gibt, sondern viele und widersprüchliche Theorien. Plausible und eingängige Ergebnisse psychologischer Forschung sind dann im Vorteil gegenüber eher schwierigen und unerwarteten.

In der akademischen Psychologie haben wir bisher tatsächlich nicht darauf geachtet, was unsere Ideen an Implikationen für die weitere Öffentlichkeit enthalten. Gewöhnlich sind unsere

Theorien nicht so formuliert, daß Leute außerhalb unseres Berufes sie verstehen oder ihre mögliche Bedeutung erkennen können. Die Psychologen halten sich gerne für eine Art von Physikern, die in ihren Laboratorien arbeiten und dort Wissen anhäufen. Wenn andere dieses Wissen benutzen wollen, haben sie nichts dagegen. Aber sie möchten sich nicht gerne selbst um das Problem der Nützlichkeit ihrer Arbeit kümmern. Das heißt allerdings, sich Scheuklappen gegenüber der Bedeutung des eigenen Faches anzulegen. Unsere Bedeutung hängt weitgehend von der Fähigkeit ab, brauchbare Erkenntnisse zu schaffen und anzubieten. Wenn dieser Sinn für die Nützlichkeit unseres Arbeitens geschärft wird, können wir wesentlich weiterkommen. Die Wissenschaftsgeschichte macht uns hier durchaus optimistisch: Die Freudsche Theorie beispielsweise war wirklich innovativ, sie ging weit über den allgemeinen Wissensstand ihrer Zeit hinaus. Und sie hat sowohl das öffentliche Bewußtsein wie auch die intellektuelle Welt nachhaltig beeinflußt. Karl Marx ist ein anderes Beispiel aus der Wissenschaftsgeschichte. Seine hochentwickelte Theorie fand Verbreitung in vielen Kulturen, und Tausende von Denkern arbeiten jetzt mit den Begriffen einer marxistischen Realität. Und diese Theorie hat den Gang der Geschichte unbestreitbar beeinflußt.

Bleiben wir beim Einfluß psychologischen Wissens. Sie haben zeigen können, daß die Mitteilung von Forschungsergebnissen und Ideen genau die Verhaltensmuster verändern oder zerstören kann, aus denen die Erkenntnis gezogen wurde. Durch das, was Sie »Aufklärungseffekt« nennen, werden die Menschen in einem bestimmten Forschungsfeld sensibilisiert für ihr bisheriges Verhalten und ändern es möglicherweise. Mir fällt das Helfer-Problem ein: Wenn jemand altruistisches Verhalten in einer Situation untersucht, wo die Versuchspersonen bereits etwas von »Verantwortungsdiffusion« gehört haben, sind die Ergebnisse andere als in Situationen mit »unaufgeklärten« Versuchspersonen.

Weil die Psychologen sich in einer symbolischen Beziehung zur Gesellschaft befinden, können sie die Verhaltensmuster zerstören, die ursprünglich die empirische Stütze für ihre

Theorie waren. Es ist zwar schwierig, diesen Zusammenhang durchgängig aufzuzeigen. Jedoch gibt es mehrere Fälle, die diesen Prozeß belegen. Zum Beispiel wurde in vielen Untersuchungen gezeigt, daß Frauen konformistischer sind als Männer. Natürlich ist diese Literatur von der Frauenbewegung aufgearbeitet worden, und sie hat dazu beigetragen, das Bewußtsein der Frauen für dieses konformistische Verhalten zu schärfen und sich gegenüber sozialem Druck autonomer zu verhalten. Alice Eagly hat nun in einer neueren großangelegten Untersuchung zeigen können, daß die »traditionellen« Ergebnisse nicht mehr auftreten: »Weibliche Konformität« ist in sozialpsychologischen Experimenten nicht mehr zu beobachten. In ähnlicher Weise konnten Sozialpsychologen in England feststellen, daß in Hunderten von Wiederholungsuntersuchungen zum klassischen Asch-Experiment über Konformität die »typischen« Verhaltensweise nicht mehr auftraten. Ich glaube, daß es heute auch ziemlich schwierig wäre, Milgrams Gehorsams-Experiment durchzuführen und dieselben Resultate wie Milgram seinerzeit zu erhalten.

Glauben Sie, daß langfristige Verhaltensänderungen durch die Mitteilung psychologischer Erkenntnisse möglich sind? Nisbett und Ross haben beispielsweise die häufigsten Denkfehler in unserem Alltagsleben gesammelt und beschrieben. Sie halten es für möglich, durch gezielte Schulung solche Fehler vermeiden zu lernen. Sie glauben, es würde reichen, den Leuten die wichtigsten statistischen Grundregeln beizubringen. Man könnte sich nun vorstellen, daß auch auf dem Gebiet der zwischenmenschlichen Beziehungen eine solche »Schulung« sinnvoll wäre.

Die Bedeutung des Problems, wirksame psychologische Aufklärung und Erziehung zu erreichen, wird nur noch durch die Komplexität dieses Problems übertroffen. Aus verschiedenen Gründen glaube ich nicht, daß wir sehr weit kommen, wenn wir nur eine Reihe von abstrakten Prinzipien über das soziale Leben anbieten. Vielversprechender wäre wohl die Entwicklung oder das Training von sozialen Fähigkeiten. Auch theoretisches Wissen verstehe ich als eine solche Fähigkeit. Ich meine damit, daß man sowohl wissenschaftlich als auch im Alltagsleben Theorien benutzen lernt, um über Probleme zu reden, sie erkennbar und durchschaubar zu machen und schließlich aus den Theorien Lösungsmöglichkeiten zu ziehen. Was also gebraucht wird, sind Methoden, die die Fähigkeit der Menschen verbessern, psychologische Erkenntnisse in sozialen Situationen anzuwenden

Aber auch das wird uns nicht weit genug bringen. Viele Fähigkeiten, einschließlich sprachlicher Konventionen, werden im Laufe der Zeit unbrauchbar. Das soziale Leben verändert sich ständig, und die früher erworbenen Fähigkeiten verlieren an Bedeutung. Außerdem entstehen auf einer allgemeineren sozialen Ebene immer neue Probleme, ich möchte die Beispiele Abtreibung, Integration der Gastarbeiter, Drogen nennen, über die die zeitgenössischen Theorien nur wenig aussagen.

Neue Theorien und neue Fähigkeiten sind nötig. Die Kreativität der Psychologie ist gefordert. Es ist natürlich auch möglich, auf brauchbare frühere Theorien zurückzugreifen und ihre Implikationen auszuweiten. Das ist das Großartige an der Freudschen Theorie, daß in dem Gesamtwerk immer wieder eine kleine Kostbarkeit zu finden ist, die man auf ein neues Problem beziehen kann. In einem gewissen Sinne also wird Wissen vergänglich, gleichzeitig bleibt es aber gespeichert, und man kann immer wieder zu alten Theorien zurückgehen, um sie auf ihre Möglichkeiten abzuklopfen.

Wie reagieren die Menschen denn auf die unterschiedlichen Angebote an Ideen und Erklärungen für die Welt um sich herum? Machen sie Gebrauch von der Vielfalt an Theorien und sind selbst daran interessiert, so viele Interpretationsmöglichkeiten wie möglich kennenzulernen, oder flüchten sie vor der Freiheit der Wahl in einfache und widerspruchsfreie Lösungen? Der Umgang mit dem Angebot an psychologischen Theorien ist selbst wieder ein Feld für die Theoriebildung. Wann, in welcher Situation bringe ich welche Erkenntnis ins Spiel?

Das ist eine ganze Reihe von strittigen Fragen. Zunächst: Ich befürworte nicht die Entwicklung von prädiktiven Theorien, die Art von Theorie also, die uns sagt, wie sich Menschen in der Zukunft verhalten werden.

Persönlich halte ich einen offenen Wettbewerb zwischen Theorien für wichtig. Theorien stehen allgemein im Dienst von ideologischen oder moralischen Absichten. Sie sind nicht nur beschreibende Interpretationen, sondern sie enthalten immer Vorschriften darüber, wie die Gesellschaft sein sollte. Um die Flexibilität einer Gesellschaft zu erhalten und um Unterdrückung zu vermeiden, scheint es wesentlich, den Wettbewerb zwischen Theorien zu unterstützen. Die Verfügbarkeit von verschiedenen Theorien erlaubt es, Probleme aus unterschiedlichen ideologischen und moralischen Perspektiven anzugehen. So ist es möglich, die relativen Vorteile und Nachteile einer bestimmten Handlung besser einzuschätzen. Ich bin also für den ständigen Wettstreit der Ideen.

Was die Anwendbarkeit von Theorien in bestimmten Situationen anbetrifft, so können wir alle möglichen allgemeinen theoretischen Sätze aufstellen, aber es gibt kein Mittel, um ihre präzise Anwendbarkeit festzulegen. Theorien sind abstrakte Formulierungen und enthalten als solche keine konkreten Regeln für das Handeln. Es verhält sich ähnlich wie mit den Regeln der Ethik. Wenn ich mich ethisch zur Großzügigkeit verpflichtet sehe, gibt mir das noch keine Richtlinien für mein jeweiliges Handeln. Großzügigkeit ist ein abstrakter Wert. Er hilft uns nicht bei der Anwendung des Prinzips, weil buchstäblich jede Handlung als großzügig betrachtet werden kann – es kommt ganz auf die Perspektive an. Selbst jemanden zu töten kann unter Umständen als großzügig gelten. Ähnlich ist es bei Theorien der Aggression oder des Altruismus, und fast jedes Verhalten läßt sich als aggressiv oder altruistisch klassifizieren. Daß ich mit Ihnen rede, ist vielleicht eine Form der Aggression, denn ich greife bestimmte Positionen an. Möglicherweise ist es aber auch ein altruistisches Verhalten, denn ich will bestimmte Gedanken an andere Leute weitergeben. Abstrakte Formulierungen enthalten also nicht die Regeln für ihre Anwendung. Sie sind dazu da, damit man vorher über das Handeln redet oder nachdenkt. Sie sind nützlich, um sich selbst verständlich zu machen und um die eigenen Verhaltensweisen zu erklären, aber sie geben keine Handlungsrichtung vor. Selbst das Gebot »Liebe deinen Nächsten wie dich selbst« enthält keine Verhaltensregeln.

Die Psychologie hat es manchmal leichter als andere moralische oder ethische Systeme, Verhaltensvorschriften zu machen, denn sie gilt als Wissenschaft, und heute richten viele Menschen bewußt oder unbewußt ihr Leben nach wissenschaftlichen Prinzipien aus – Eltern informieren sich über die Psychologie des Kindes und der Erziehung, Lehrer wollen psychologisch geschickt vorgehen, Betriebe werden psychologisch reorganisiert und so weiter. Oft genug werden wissenschaftlich verbrämte Wertvorstellungen unter die Leute gebracht.

Was Sie da beschreiben, ist die traditionelle Annahme vieler Menschen, daß die Wissenschaften objektives Wissen liefern. Was wir aber wirklich anbieten, sind verschiedene Interpretations-Sprachregelungen. Diese Sprachen schaffen erst die grundlegenden »Entitäten« des sozialen Lebens – Liebe, Haß, Motivation, Klasse, Aggression und so weiter. Damit will ich nicht im geringsten die Bedeutung unseres Handelns als Wissenschaftler abwerten. Die Menschen brauchen Interpretationen. Man kann sogar den Petersdom in Rom als ein Monument für das Bedürfnis der Menschen nach tröstlichen Interpretationen ansehen. Die Kirche hat im wesentlichen solche Interpretationen gegen materielle Schätze eingetauscht. Heute jedoch wird die Religion von vielen als Lieferant für die Regeln des menschlichen Verhaltens abgelehnt, die Psychologen haben in vielem die Rolle als säkulare Priester eingenommen.

Das macht die Psychologen eher noch verdächtiger. Denn in vielen Fällen sind sie ja nicht einmal Ideologen in eigener Sache wie die Priester, sondern arbeiten im Auftrag anderer Instanzen wie Politik oder Wirtschaft. Wie kann man denn nun das Problem der eingebauten oder der versteckten Wertvorstellungen lösen?

Ich befürworte eine größere Offenheit bei den Forschern, was die Implikationen ihrer Arbeit anbetrifft. Sie sollten angeben, was sie sich mit ihrer Arbeit erhoffen. Aber es ist problematisch, sich dabei allein auf die Forscher zu verlassen. Denn teilweise können die Wissenschaftler nicht immer die ganzen Auswirkungen einer bestimmten Forschungsrichtung übersehen. Und mitunter werden Absichtserklärungen nicht gegeben, um zu informieren, sondern um irrezuführen. Dies ist ein Grund, warum ich der Entwicklung eines kritischen Zweigs dieser Wissenschaft sehr positiv gegenüberstehe. Ich halte die Art zu arbeiten, wie es die Kritische Theorie in diesem Land praktiziert hat, für unabdingbar. Ich hoffe jedoch, daß sich die ideologischen Grundlagen dieser Art von Kritik noch erweitern lassen. Was ich meine, läßt sich gut an einer Kritik der Kohlbergschen Theorie der Moralentwicklung veranschaulichen. Diese Kritik wirft Kohlberg vor, daß seine Theorie die moralischen Entscheidungen, die von Männern getroffen werden, höher bewertet als die Entscheidungen von Frauen. Die Artikulation abstrakter moralischer Regeln und Prinzipien wird bei Kohlberg als höhere Form des moralischen Denkens dargestellt. Dem wird nun entgegengehalten, daß Frauen in den westlichen Kulturen moralische Probleme lieber gemeinschaftlich diskutieren und lösen wollen, als auf unpersönliche und abstrakte Prinzipien zurückzugreifen. Dieser weibliche Weg zur Lösung moralischer Probleme wird durch Kohlbergs Theorie abgewertet.

Ziel Ihrer Kritik ist vor allem der »blinde empiristische Standpunkt«, der Glaube vieler Psychologen, daß sie die »versteckten Gesetze« des sozialen Lebens entdecken könnten. Sie selbst schlagen eine Art von Konstruktivismus vor und versuchen, Denkrichtungen wie die Frankfurter Schule einzubeziehen. Droht der Psychologie eine Spaltung in Empiristen und Rationalisten?

Ich glaube, daß ein grundsätzlicher Wandel in der Geistesgeschichte eingesetzt hat. Während des größten Teils dieses Jahrhunderts gab es eine innige Romanze mit der Annahme, daß wir in der Psychologie empirisch fundierte Wahrheiten finden könnten. So als ob uns das Sammeln von Fakten zu Theorien führen könnte, die immer bessere Widerspiegelungen der Welt sind. Das Experiment galt als Hauptinstrument, denn es erlaubte, zwischen genauen und ungenauen Theorien zu unterscheiden. Seit der positivistischen Blütezeit in den 30er Jahren jedoch ist dieser Glaube auf dem absteigenden Ast. In der Wissenschaftstheorie gibt es heute kaum noch einen wichtigen Denker, der sich der Annahme verschreibt, daß sich Wissen durch empirische Forschung vermehren läßt. Sir Karl Popper und seine Gefolgsleute haben tapfer versucht, das Banner der Objektivität gegen eine Vielzahl von tödlichen Angriffen aufrechtzuhalten. Andere betrachten die letzten 20 Jahre als eine Revolution des Subjektivismus oder Romantizismus. Viele Debatten drehen sich um die gleichen Probleme, denen sich schon Nietzsche und Schopenhauer gewidmet hatten – nämlich zu entscheiden, in welchem Maße das, was als objektives Wissen gilt, durch Prozesse – vielleicht unbewußte – innerhalb des Individuums geformt wird.

In den Sozialwissenschaften ist die empiristische Tradition in ähnlicher Weise überprüft worden. In der Soziologie beispielsweise hat sich die Ethnomethodologie entwickelt, die, wenn man sie ernst nimmt, völlig von der Vorstellung der Objektivität abgeht. Für den Ethnomethodologen ist das da draußen – die ontologischen Gegebenheiten der Welt – nur noch Gegenstand von sozialen Vereinbarungen. So gesehen ist beispielsweise die Selbstmordziffer in einer Gesellschaft nicht ein objektiver Indikator für die Zahl der Personen, die sich selbst umgebracht hat. Die Selbstmordziffern sind vielmehr davon abhängig, was man als Selbstmord zählt. Um das entscheiden zu können, muß man festlegen, ob ein Tod absichtlich herbeigeführt wurde oder nicht, und Absichten sind schwer zu ergründen. Also muß man sich dann darauf einlassen, zu verhandeln, was als Selbstmord gelten soll. – Ähnliche Entwicklungen weg vom Objektivismus finden in den Politikwissenschaften, in der Geschichtswissenschaft und in der Ökonomie statt.

Wie kann der Status oder der Wert einer Theorie beurteilt werden? Können die Sozialwissenschaften selbst Kriterien hervorbringen, die zur Beurteilung tauglich sind? Oder müssen die Kriterien zwangsläufig externer Art sein? Ich denke da vor allem an die Situation, wenn bestimmte Problemdefinitionen Sache von sozialen Übereinkünften sind.

Ich denke, daß es wichtig wäre, wenn die Psychologie Kriterien erarbeiten könnte. Aber natürlich haben andere Gruppen in der Gesellschaft ihre eigenen Kriterien für das, was sie für nützlich oder notwendig halten. Ich habe versucht, für »generative« Kriterien zu argumentieren; damit meine ich, daß eine Theorie daraufhin eingeschätzt werden sollte, ob sie in der Lage ist, allgemeine Annahmen zu unterminieren und Alternativen anzubieten. Das soziale Leben hängt zu einem bestimmten Zeitpunkt immer weitgehend von den vorherrschenden Annahmen darüber ab, wie »die Dinge liegen«. Doch jede dieser Annahmen enthält Probleme, wirkt wie Scheuklappen und vermindert die Flexibilität. Allgemeine und vorherrschende Annahmen begünstigen bestimmte Handlungsweisen und unterdrücken andere Möglichkeiten.

Andererseits machen solche allgemeinverbindlichen Annahmen Handlungen überhaupt erst möglich und sorgen für eine gewisse Kontinuität.

Gut. Aber solche Annahmen über das soziale Leben können auch blind machen für den Wert von Nichtübereinstimmung und von abweichenden Ansichten. Sobald bestimmte Ansichten objektifiziert werden, werden die damit verbundenen Probleme nicht mehr gesehen. Ich will also auf generative Theorien hinaus. Das sind Theorien, die die herrschenden Ideen in Frage stellen und neue Handlungsmöglichkeiten entwerfen. Der generative Theoretiker macht es sich zur Aufgabe, das Selbstverständliche zu überdenken.

Sie wollen also so etwas wie eine permanente Revolution des Wissens?

Genau. Ich votiere für die nicht nachlassende Herausforderung an das Akzeptable. Ich plädiere dafür, die wissenschaftliche Risikobereitschaft zu kultivieren.

Aber das kann ja auch zur – im Wortsinne – blendenden Idee werden: Wenn es einen Wert an sich darstellt, prinzipiell alles in Frage zu stellen, ist man schon halb auf dem Weg zu Paul Feyerabends wissenschaftlichem Dadaismus. Wenn alles möglich ist, also auch immer gerade das Gegenteil von dem, was gerade als Erkenntnis formuliert wurde, dann ist das ein Nährboden für Ungerechtigkeit und Irrationalismus. Der rationale Diskurs und die sozialen Übereinkünfte werden dann allmählich durch reine Verfügungsmacht beseitigt.

Kann jemand, der immer die Blindheit anderer nachzuweisen versucht, dabei selbst blind werden? Eine interessante Frage. – Ich glaube, daß die Gefahr größer ist, daß Repression und Macht regieren, wenn eine empiristische Sichtweise vorherrscht. Sobald eine Kultur daran glaubt, daß es eine Wahrheit gibt und daß sie durch sorgfältige Untersuchung gefunden werden kann, treten bald diejenigen auf, die das Recht auf die Wahrheit reklamieren. Und wer ausgebildet ist zur empirischen Forschung, besitzt dann besseren Zugang zur Wahrheit. Denn Forschung bedarf der Mittel, und die halten Regierung, Industrie, das Militär und so weiter zur Verfügung für »ihre« Wahrheitssucher. Der Durchschnittsbürger muß dann gegenüber dieser Übermacht von Besserwissern schnell aufgeben. Die Mächtigen können sich in das Gewand der Wahrheit kleiden und die Herrschaft ganz an sich reißen. Wenn dagegen die Wissensproduktion nur als ein interpretatives Unternehmen gesehen wird, ist die Institutionalisierung von Wissen ein Ding der Unmöglichkeit. Es ist wichtig, die Verhandlungen über das Wirkliche in Gang zu halten. Dazu ist ein Glaube vonnöten, daß *die* Wirklichkeit nichts als Phantasie ist.

Sie haben Ihren eigenen Begriff geprägt: »Sozio-Rationalismus«. Was heißt das genau?

Ich habe versucht, Gemeinsamkeiten oder Übereinstimmungen zwischen verschiedenen Gruppen zu finden, die den traditionellen Empirismus kritisieren und alternative Lösungen suchen. Zwischen diesen Gruppen, also etwa zwischen Ethnomethodologen, Kritischen Theoretikern, dialektischen Denkern, Symbolischen Interaktionisten, Dramaturgisten, Handlungstheoretikern und Kritischen Historikern gibt es eine Gemeinsamkeit: die Kritik am Empirismus. Welche gemeinsamen Annahmen könnten diese Gruppen zu einer noch engeren Zusammenarbeit führen? Der Begriff Sozio-Rationalismus wurde geschaffen, um die Ähnlichkeiten zu betonen.

Übernehmen Sie dabei vom klassischen Rationalismus auch die Annahme, daß Wissensstrukturen angeboren sind?

Nein. Deswegen die Vorsilbe Sozio-. Damit soll ausgedrückt werden, daß Wissen und Wahrheiten die Produkte sozialer

Kenneth J. Gergen, geboren 1934, ist ein sehr unamerikanischer amerikanischer Psychologe, zumindest was sein Wissenschaftsverständnis anbetrifft. Vor einem Ausschuß für unamerikanische psychologische Umtriebe würde man ihm vorwerfen: antibehavioristisches Verhalten, Verächtlichmachen der Laborforschung, Beziehungen zu politisch gefärbten europäischen Theorien. Aber im Ernst: Gergen artikuliert nur das wachsende Unbehagen, das viele Psychologen (auch und gerade in den USA) spüren, wenn sie über ihre eigene Forschungspraxis und das Formulieren von Theorien nachdenken.

Das fast besinnungslose Drauflos-Experimentieren, nur um die eigene wissenschaftliche Daseinsberechtigung zu beweisen, hat zu einer Flut von mikroskopisch kleinen Ergebnissen und Erkenntnissen geführt, die niemandem etwas sagen außer dem Forscher an der nächsten Universität, der sich mit demselben Problem (oder was er dafür hält) beschäftigt. Die Fetische »Experiment« und »objektive Daten« füllen zwar die Seiten der Fachjournale, aber sie stellen in aller Regel keinen Fortschritt dar. Saubere, ja sterile Methodik ersetzt Phantasie und – man wagt es kaum noch zu fordern – Relevanz. Nun kann Gergen selbst auf eine lange Vergangenheit als experimenteller Psychologe zurückblicken – in allen sozialpsychologischen und persönlichkeitspsychologischen Lehrbüchern findet man seine Forschungsarbeiten zitiert. Das Selbst-Konzept und seine soziale Konstruktion war das zentrale Forschungsthema von Gergen – und ist es in gewisser Weise noch. Die Fragestellung dieser Forschung ist: Wie verändern sich unsere Selbstwahrnehmung, unsere Selbsteinschätzung und unser Selbstwertgefühl in verschiedenen sozialen Kontexten?

Kenneth Gergen ist heute Professor am *Swarthmore College* (ein berühmter Vorgänger dort war Kurt Lewin). Seine Offenheit für europäische und vor allem deutsche Denkweisen in Psychologie und Wissenschaftstheorie ist wohl während der zahlreichen Auslands-Gastprofessuren entstanden. So hat er in Marburg und Heidelberg gelehrt, aber auch in Florenz, Kopenhagen und Kioto (Japan).

Übereinkünfte sind. Nicht die angeborene Idee, der Wille, die Logik oder irgendeine andere rationale Konstruktion des Denkens enthält die Wahrheit, sondern sie entspringt dem Prozeß sozialer Interaktion. Die Wahrheit ändert sich in dem Maße, wie sich das kulturelle Bewußtsein ändert.

Eine Sache von Übereinkünften scheint ja vieles in der Psychologie zu sein. Sie haben gezeigt, daß man menschliches Verhalten auf vielerlei Art interpretieren kann, dasselbe Verhalten kann in unterschiedlichen »Paradigmen« erklärt werden, etwa lerntheoretisch, psychoanalytisch und so weiter.

Ich behaupte, daß es vielfache Erklärungsformen für eine bestimmte Handlung gibt und daß es unmöglich ist, die Richtigkeit einer dieser Erklärungen auf der Basis objektiver Beweise zu bestimmen. Die großen Kontroversen also, etwa zwischen den operanten Psychologen und den kognitiven Psychologen, zwischen den Situationisten und den Eigenschaftstheoretikern und so weiter, können nicht auf empirischer Basis beigelegt werden. Die gewaltigen Anstrengungen, solche Streitfragen zu entscheiden, waren bisher fast völlig ergebnislos. Jeder Erklärungsansatz kann im Prinzip so ausgebaut und verfeinert werden, daß alle empirischen Belege je nach »Brauchbarkeit« entweder absorbiert oder abgewertet werden können.

Ich kritisiere nicht die Flexibilität der theoretischen Standpunkte. Theorien sind so flexibel, wie der Theoretiker linguistisch geschickt ist. Und solche Geschicklichkeiten sind von hohem Wert. Ich behaupte vielmehr, daß die Erklärungen für menschliches Verhalten nicht auf empirischen Daten beruhen und im Prinzip auch nicht durch empirische Forschung korrigiert werden können. Es ist also wichtig, andere Grundlagen als die Objektivität heranzuziehen, wenn man eine Art der Erklärung über die andere stellen will. Und genau an dem Punkt werden die Probleme von ideologischem Gehalt, von Generativität und sozialer Aufklärung bedeutsam.

Sie beschäftigen sich in letzter Zeit mehr und mehr mit wissenschaftstheoretischen Fragen in der Psychologie. Dabei waren Sie einmal auch ein experimenteller, empirisch arbeitender Psy-

chologe. Sind Sie durch die experimentelle Arbeit frustriert worden?

Die experimentelle Forschung als solche hat mich nicht frustriert. Manchmal hat es mir mehr Spaß gemacht, mit Daten umzugehen als gut zu essen. Ich bin vielmehr frustriert worden durch die sinnlose Art und Weise, wie die meisten empirischen Ergebnisse verwendet wurden. Was nämlich die Vorhersage und die Kontrolle von Verhalten anbetrifft, sind die psychologischen Theorien heute nicht besser als um die Jahrhundertwende. Empirische Forschung trägt nicht als solche zu einer Vermehrung des Wissens bei und kann das auch prinzipiell nicht tun. Trotzdem kann sie eine wichtige Rolle spielen. Experimente und andere empirische Untersuchungen sollten als Illustrationen angesehen werden, als Mittel, um theoretische Interpretationen plausibler zu machen, interessanter, herausfordernder.

Die Asch-Experimente über Konformität beispielsweise haben kaum etwas zum Wahrheitsgehalt einer Theorie über sozialen Einfluß beigetragen. Dennoch spielten sie eine riesige Rolle als sozialer Katalysator. Die Experimente haben uns gezeigt:»Du glaubst, du würdest deine persönlichen Ansichten gegenüber sozialem Druck verteidigen. Aber schon ein bißchen Druck reicht aus, und du gibst alles auf, was du bisher für sichere Erfahrung gehalten hast. Du wirst die selbstverständlichsten Dinge verleugnen, nur um sozial akzeptiert zu werden!«

Diese Experimente sind beunruhigend gewesen. Man fing an, über die möglicherweise schädliche Wirkung von sozialem Druck nachzudenken. Dieses Nachdenken hätte Asch nicht stimulieren können, wenn er einfach nur seine Meinung vorgetragen hätte.

(Mit Kenneth Gergen sprach Heiko Ernst)

CAROL GILLIGAN

»Für Frauen lag Sicherheit immer darin, keine eigenen Bedürfnisse zu haben«

Wie selbstverständlich haben die großen Psychologen den Mann als Maß aller Dinge genommen. Die weibliche Entwicklung wurde im besten Falle ignoriert, wenn sie nicht, wie bei Sigmund Freud, als Unterentwicklung beschrieben wurde. Jahrzehntelang ist diese Einseitigkeit nicht einmal bemerkt, geschweige denn kritisiert worden. Carol Gilligan gehört zu den Frauen, die nun mit Riesenschritten versuchen, die Defizite einer männlichen Psychologie auszugleichen und die »andere Hälfte der Menschheit« ins wissenschaftliche Bild zu rücken. Sie hat unglaubliche Versäumnisse und Fehler einer »männlichen« Entwicklungspsychologie aufgedeckt und am Beispiel realer moralischer Konfliktsituationen demonstriert, daß Frauen keine Mängelwesen sind, die von der Wissenschaft vernachlässigt werden können. Frauen haben eine andere Moral, die sich von der männlichen vor allem dadurch unterscheidet, daß sie sich an menschlichen Bindungen, an Kommunikation und Gemeinschaft orientiert. Die männliche Entwicklungspsychologie hat dagegen Reife immer gleichgesetzt mit Autonomie, mit der Fähigkeit zu Trennung und Unabhängigkeit.

Die Psychologie betrachtet den Mann immer noch als das Maß aller Dinge – gesunde, normale Persönlichkeiten sind männliche. Frauen erscheinen dagegen oft »defizitär«, wenn sie überhaupt vorkommen. Sie haben den Kampf gegen diese Einäugigkeit aufgenommen. Gab es ein Schlüsselerlebnis für Sie?

Ich bin auf diese Einseitigkeit im psychologischen Menschenbild nicht theoretisch oder ideologisch gestoßen, sondern empirisch, durch Beobachtungen und Erfahrungen. 1970 habe ich zusammen mit Lawrence Kohlberg eine Lehrveranstaltung durchgeführt, in der es um ethische und moralische Entscheidungen ging. 1973 haben wir diesen Kurs wiederholt, dabei fiel mir dann auf, daß vor allem Studentinnen »ausstiegen«, den Kurs nicht zu Ende führten. Ich wollte dem nachgehen. Diese Studentinnen konnten irgendwie mit dem Kurs nichts anfangen, sie fühlten sich fehl am Platze und beschlossen schließlich abzubrechen. Auch in anderen entwicklungspsychologischen Lehrveranstaltungen, wo ich unter anderem die Theorien von Freud, Erikson und Kohlberg vortrug, machte ich ähnliche Beobachtungen – es gab einen Widerspruch zwischen dem, was in diesen Theorien behauptet wurde, und der Erfahrung der weiblichen Studenten. Kurz darauf habe ich mich mit dem Zusammenhang von Einstellung und Verhalten befaßt, und zwar in einer konkreten Situation, die ethisch und moralisch besonders schwer einzuschätzen war. Ich habe mit Frauen gearbeitet, die sich mit dem Gedanken an eine Abtreibung trugen. Zunächst habe ich versucht herauszufinden, wie Frauen – und die sind ja in einer solchen Situation vor allem betroffen – ihre Lage sehen, wie sie das Problem strukturieren. Dazu gehörte natürlich auch die Frage nach der Vorgeschichte: Wie wurden sie schwanger? Ich habe festgehalten, wie Frauen vor einer Abtreibung moralische Argumente abwägen – und nun ging mir auf, wie fundamental anders im Vergleich zu Männern sie bei moralischen Entscheidungen denken und fühlen.

Wie unterschied sich diese Problemlösung vom männlichen Denken oder Moralisieren?

Der fundamentalste Unterschied lag darin, daß Frauen eine ganz andere Prämisse für eine Entscheidung pro oder contra

Abtreibung zugrunde legten: Ihr Denken kreiste vor allem um die Zukunft des ungeborenen Kindes – wer wird verantwortlich dafür sein? Kommt es in ein soziales Netz, in dem es umsorgt wird? Wenn es keine Aussicht auf eine Zukunft, also eine glückliche Zukunft, für dieses Kind gibt, ist es unmoralisch, es auszutragen. Es ging den Frauen vor allem um das spätere Schicksal des Kindes. Weit weniger wichtig war für sie der Streit um die Rechte – die Rechte des Kindes gegenüber den Rechten der Frau. Das Problem stellte sich nicht als Problem von Prinzipien oder als juristische Streitfrage. Insofern unterschieden sich die Überlegungen der Frauen sehr von der öffentlichen Diskussion um die Abtreibung, in der sehr viel von Rechten, Pflichten und Prinzipien die Rede ist. Das ist zwangsläufig so, wenn ein menschliches Problem juristisch angepackt wird, in juristischen Termini und Strategien erfaßt werden muß ...

Es muß eine Entscheidung geben, entweder/oder ...

... ja, das Recht des einen Menschen muß gegen das Recht eines anderen abgewogen werden. Natürlich muß es bei dem Abtreibungsproblem eine Entscheidung geben – man kann kein halbes Kind haben, genausowenig, wie man ein bißchen schwanger sein kann. Aber die Frage stellt sich für Frauen einfach anders. Sie ziehen Gesichtspunkte wie Fürsorge, Verantwortung, späteres Wohlbefinden des Kindes in Betracht. Einige Frauen in meiner Stichprobe hatten früher bereits Kinder, die sie zur Adoption weggaben. Aber der Gedanke an eine spätere Freigabe des Kindes zur Adoption, das war für sie keine Alternative zur Abtreibung.

Lawrence Kohlberg, der das Thema Moral wieder auf die Tagesordnung der Psychologie gesetzt und einige Überlegungen und Forschungen von Jean Piaget weitergetrieben hat, legt seinen Versuchspersonen moralische Grenzsituationen vor, in denen eine Entscheidung getroffen werden muß. Die Qualität eines moralischen Urteils oder die moralische Reife einer Person wird daran gemessen, wie gut die Begründung für eine Entscheidung ist. Dabei rangiert man um so höher auf der moralischen Skala, je übergreifender, philosophischer und prinzipiel-

ler eine Begründung ausfällt – wenn man also nicht auf der Ebene von Konformität mit Normen oder auf der Ebene von Verpflichtungen und Verträgen, die ein bestimmtes Verhalten begründen, argumentiert. Man könnte auch sagen: Je abstrakter, je übergreifender die Begründung für eine Entscheidung ist, desto moralischer ist sie auch. Ist das »männliche Moral«? Wenn ja, was ist so männlich daran?

Ein Teil der Antwort steckt schon in Ihrer Frage – in diesen Dilemmata werden abstrakte Lösungen für fiktive Probleme belohnt. Frauen sind zunächst gar nicht mit Rechtfertigungen, mit ausgeklügelten Begründungen für diese oder jene Handlungen befaßt, sie sind viel stärker in der konkreten Situation »drin«, wie ich in der Abtreibungsuntersuchung feststellen konnte. Es geht ihnen gar nicht so sehr darum, sich zu rechtfertigen, Prinzipien einzuhalten oder überhaupt »richtig« zu handeln. Moralische Probleme stellen sich nicht als rechtliche Probleme dar. Die Frage, ob eine Frau abtreiben soll oder nicht, ist zunächst eine sehr schmerzliche, sehr persönliche Frage. Sobald abstrakte Prinzipien in die Diskussion eingeführt werden, verliert man das eigentliche Dilemma schnell aus den Augen.

Ein oft zitiertes Beispiel aus Kohlbergs fiktiven Situationen ist das Heinz-Dilemma. Ein Mann steht vor der Wahl, entweder zum Dieb zu werden oder seine Frau sterben zu lassen, weil er das Geld für ein teures Medikament nicht auftreiben kann. Ich habe dieses Dilemma immer als an den Haaren herbeigezogen empfunden – wo gibt es eine solche Entscheidung in der Wirklichkeit? Welcher Apotheker dürfte einer Todkranken das lebensrettende Medikament verweigern?

Das Interessante ist, daß männliche Versuchspersonen diese Problemstellung akzeptieren. Mädchen und Frauen dagegen hinterfragen die ganze Situation, sind mit den Prämissen gar nicht einverstanden, beginnen nicht sofort herumzuargumentieren. Sie fragen beispielsweise: »Warum verhält sich dieser Apotheker so gleichgültig?« Sie sehen in dieser Situation einen Menschen, der auf andere nicht eingeht, sich verweigert. Das ist das eigentliche Problem für sie, nicht so sehr die Rechtfertigung für diese oder jene Verhaltensweise. Sie haben nicht das starke Bedürfnis, sich für eine Entscheidung zu rechtfertigen, lassen sich diese – ziemlich unglaubliche – Entscheidung gar nicht erst aufnötigen. Vielleicht verstehen Sie jetzt besser, warum ich am Anfang die hohe Dropout-Quote von weiblichen Studenten aus den Moral-Kursen erwähnt habe ...

Vereinfacht ausgedrückt – Frauen bleiben in der Situation, prüfen ihre Prämissen, wehren sich gegen die Widersprüche. Männer treten aus der Situation heraus, betrachten sie distanziert und suchen nach Lösungen, was immer das heißt.

Ja. Für Frauen besteht ein moralisches Problem darin, daß in den konstruierten oder wirklichen Situationen immer jemand verletzt oder geschädigt werden muß. Deswegen lösen sie sich nicht so schnell von diesem Dilemma und suchen nicht nach Antworten und Rechtfertigungen wie die Männer. Vielmehr suchen sie Auswege jenseits von Prinzipien und vorgegebenen Möglichkeiten, sie versuchen, die Rahmenbedingungen zu verändern oder mindestens in Frage zu stellen. Und wenn wirklich einem Menschen in dieser Situation ein Schaden oder ein Schmerz zugefügt werden muß, dann suchen sie die Entscheidung zwischen dem größeren und dem kleineren Übel. Es gibt für sie nicht die ideale oder richtige Lösung, die dann mit hehren Prinzipien begründet wird. Bei einer Abtreibung ist jede Entscheidung schmerzhaft, Frauen sind nicht glücklich darüber, wenn sie abtreiben, und sie wollen das auch nicht rechtfertigen.

Aber es gibt auch sehr aggressiv vorgetragene Argumente, die das Recht auf den eigenen Bauch verteidigen ...

Es ist nie eine gute Sache, wenn man einen Fötus tötet. Aber es mag als notwendig erscheinen, aus Verantwortungsgefühl ...

... als kleineres Übel ...

... als kleineres Übel.

Wenn ich Sie recht verstehe, dann verhalten sich Frauen im Vergleich zu Männern geradezu antiautoritär, was die Akzeptanz der Fragestellung Kohlbergs betrifft ...

Wenn Sie wollen, ist es fast eine Verweigerung, wie sie teilweise im berühmten Milgram-Experiment stattgefunden hat: Die Versuchspersonen verweigern die Kooperation, weil sie die Fragestellung nicht akzeptieren. Sie lassen sich nicht von der Autorität des Wissenschaftlers blenden. Kohlberg hat übrigens solche Reaktionen auf seinen Fragenkatalog nicht berücksichtigt.

Schon Jean Piaget hat bei seiner Analyse von Kinderspielen beobachtet, daß Jungen mit viel Energie und Engagement die Regeln eines Spieles ausdiskutieren, während Mädchen bei ihren Spielen eher »friedlich« und pragmatisch sind. Unterschiede sind also schon sehr früh zu beobachten ...

Diese Unterschiede beim Aushandeln von Spielregeln tauchen erstmals im Alter von drei Jahren auf – das ist genau das Alter, wo sich auch die Geschlechtsrolle, die Geschlechtsidentität herauskristallisiert. Ich denke, daß Nancy Chodorow wichtige Aussagen zu diesem Unterschied gemacht hat; es ist sicher von großer Bedeutung, ob die erste persönliche Beziehung zu einem Menschen des *gleichen* Geschlechtes oder des *anderen* Geschlechtes gebildet wird. In unseren letzten Untersuchungen hat sich deutlich gezeigt, daß sich Jungen, die sich durch die Unterscheidung und Trennung von der Mutter in ihrer Geschlechtsrolle definieren, diese Trennung auch in anderen Situationen, etwa bei moralischen Problemen, zum Ausdruck bringen. Ihre Beziehung zu anderen wird vor allem durch Autonomie, Getrenntheit, Unterschiedlichkeit und weniger in Begriffen wie Zusammengehörigkeit, Verbindung gesehen. Also strukturieren sie moralische Probleme auch dementsprechend – ich glaube nicht, daß man die Unterschiede genetisch begründen kann, sie hängen mit der sehr frühen Mutter-Kind-Dynamik zusammen.

Sigmund Freud hat in bezug auf Mädchen gesagt, daß sie ein schwächeres Über-Ich entwickeln, weil sie eine andere Beziehung zu den Eltern haben, sich anders entwickeln. Bei ihm klingt das so, als wären Frauen defizitäre Wesen, mit einem unterentwickelten Über-Ich und folglich auch mit geringeren Fähigkeiten, moralisch zu urteilen. Wenn ich Sie recht verstehe, stellen Sie weniger diese Beobachtung in Frage, als vielmehr die Wertung der unterschiedlichen Entwicklungsverläufe.

Um sich weiblich zu fühlen, um eine weibliche Identität zu bilden, muß sich das Mädchen nicht von der Mutter trennen, sie muß nicht auf »Distanz gehen« wie der Junge. Was mich zunächst verblüfft hat bei der langen Reihe von Psychologen, die sich mit der Entwicklung der Persönlichkeit und der Geschlechtsidentität beschäftigt haben, von Freud über Piaget, Kohlberg, Erikson bis hin zu den neueren Untersuchungen von Levinson und Vaillant, das ist der Mangel an Neugier. Da wurde einfach eine Entwicklungsmöglichkeit, die weibliche nämlich, ignoriert. Ich will in meiner Arbeit einen Teil dieser ignorierten Wirklichkeit aufdecken. Dies beginnt bereits mit den Beobachtungen, daß die weibliche Entwicklung so gewaltfrei verläuft, daß Frauen so viel besser zwischenmenschliche Beziehungen und Bindungen knüpfen und erhalten können. Die Psychologie hat bisher kaum gefragt: Woher kommen diese Fähigkeiten, wie haben sie sich entwickelt?

Die Autonomie des einzelnen, wie sie beispielsweise in der protestantischen Ethik hervorgehoben wird, aber auch im kapitalistischen Wirtschaftssystem, ist ein männlicher Wert. Isoliertheit, Einzelkämpfertum, Eigenverantwortlichkeit – die Psychologie von Freud, Piaget, Kohlberg bis Erikson hat nur ein Menschenbild nachgeliefert, das in der Gesellschaft, in der Wirtschaft und in der Religion ohnehin dominierte und als Ideal galt. Aber inzwischen ist dieses Menschenbild ins Wanken geraten, und auch die Psychologie hat andere Vorstellungen entwickelt. Beispielsweise die psychologische Androgynität, bei der die Geschlechter ihre gegengeschlechtlichen Persönlichkeitsanteile nicht mehr unterdrücken oder verleugnen; auch die Humanistische Psychologie hat viele »weibliche« Werte rehabilitiert, und so weiter.

Mein Problem mit dem Konzept der psychologischen Androgynität ist, daß man sich die männlichen und die weiblichen Eigenschaften und Werte nicht additiv aneignen kann, daß man nicht gleichzeitig männlich *und* weiblich sein kann. Ich denke vielmehr, daß Männer und Frauen sich zu verschiedenen Zeitpunkten jeweils männlicher oder weiblicher Eigenschaften bedienen, daß sie also wechseln können zwischen den beiden Verhaltensweisen. Aber um das wirklich zu können, muß man ein hohes Maß an Ambiguitätstoleranz haben, muß man große Spannungen aushalten können.

Wenn es also keinen »Mittelwert« gibt, wenn man in bestimmten Situationen eher weiblich, in anderen eher männlich reagiert, immerhin zwischen zwei Möglichkeiten sich bewegen kann, könnte dies schon ein Fortschritt sein. Sie sind eine Schülerin und Kollegin von Erik Erikson, der in seinem Entwicklungsmodell verschiedene Phasen der Persönlichkeitsentwicklung beschreibt, von denen einige als »weiblich« in ihrer Betonung auf Bindung und Gemeinschaft gesehen werden können, andere dagegen eher als »männlich« in ihrem Gewicht auf Autonomie und Trennung. Besonders gegen Ende des Lebenszyklus tauchen in der Theorie von Erikson Werte auf, die eher einem weiblichen Persönlichkeitsmodell entsprechen: Versöhnung, Verbindung, Fürsorge für die nachfolgende Generation.

Da liegt der Trugschluß vieler Persönlichkeitsmodelle, die von Männern entworfen wurden: Sie wollen glauben machen, daß nach Lebensphasen, in denen Trennung, Autonomie, Unabhängigkeit im Vordergrund stehen müssen, später eine Hinwendung zu Bindung, Gemeinschaft und Fürsorge möglich ist. Das klingt nur im Modell vernünftig, empirisch ist es bisher kaum gezeigt worden. Alle die berühmten Persönlichkeiten, die Erikson untersucht hat, von Luther bis Gandhi, hatten große Probleme mit der Intimität zu anderen Menschen. Erikson hatte große Schwierigkeiten, Lebensläufe zu entdecken, die seinem Modell entsprachen. Die meisten Männer, deren Lebensmitte von Autonomie und Trennung geprägt war, hatten Schwierigkeiten, später intime Beziehungen wiederaufzunehmen, Fürsorge für die nachfolgende Generation zu zeigen. Das ist ja das Verblüffende, daß Erikson sehr wohl weibliche Werte wie Fürsorge, Bindung, Fähigkeit zu intimen Beziehungen erkannte, aber nie wirklich die Lebensläufe von Frauen untersucht hat, um mehr darüber zu erfahren. Ich erwähne in meinem Buch »In a Different Voice« den Film von Ingmar Bergman, »Wilde Erdbeeren«, wo ein erfolgreicher, hochgeachteter

Universitätsprofessor gegen Ende seines Lebens erkennen muß, daß sich Liebe und Zuneigung nicht per Knopfdruck einstellen, nachdem er ein Leben geführt hat, das von egozentrischen, karriereorientierten und autonomen Prinzipien bestimmt war. Die Fähigkeit zur Bindung, zur Liebe, zur Fürsorge muß entwickelt werden.

Man kann also nicht einfach willentlich umschalten auf einen anderen Verhaltensmodus »Jetzt bin ich mal ganz fürsorglich«.

Schon gar nicht mehr im Alter. Das ist auch das Problem vieler gutwilliger Männer heute, die schon gerne »umschalten« möchten, aber durch ihre Persönlichkeitsentwicklung daran gehindert werden.

Lassen Sie uns den umgekehrten Fall untersuchen: Viele Frauen verfolgen heute eine berufliche Karriere, begeben sich in die Welt des Konkurrenzkampfes, des Erfolges, der Leistung – und damit in die Welt der Autonomie und der Trennung. Um aber beruflich Erfolg zu haben, muß man, so sagt es die männliche Psychologie, sich lösen können, sich trennen können, autonom und unabhängig werden. Das bringt dramatische Konflikte für diese Frauen mit sich, sie leiden darunter, weil sie ihre weibliche Sozialisation nicht einfach abstreifen können.

Bevor wir uns der Kehrseite der Medaille zuwenden, will ich festhalten, daß totale Autonomie, also Isolation und Einsamkeit, psychisch gefährlich sind, für beide Geschlechter. Wir können das besonders deutlich bei Jugendlichen erkennen, die keine Bindungen zu ihrer sozialen Umwelt aufbauen können. Nicht umsonst ist Selbstmord die häufigste Todesursache bei Jugendlichen. Frauen, die der Ideologie des Erfolgs und des Berufslebens folgen, erleben diese Angst vor Einsamkeit und Isolation als Alarmsignal.

Die Psychologie der Leistungsmotivation nennt »Furcht vor Versagen« und »Hoffnung auf Erfolg« als die beiden Hauptmotive im Leistungsverhalten. Bei Frauen gibt es nun so etwas wie »Furcht vor Erfolg«.

Das hängt mit der Definition von Erfolg zusammen, Erfolg ist immer Erfolg im Wettbewerb *gegen andere*. Daß Frauen dieses Problem thematisieren, hilft im Grund beiden Geschlechtern.

Kohlberg hat im Anschluß an seine Forschung über das moralische Urteilen versucht, Lehrpläne für moralisches Denken und Handeln aufzustellen und in die Erziehungspraxis umzusetzen. Er erkannte, daß das abstrakte Räsonieren über Moral noch lange nicht moralisches Alltagshandeln bedeutet. Müßten diese Lehrpläne verändert werden im Sinne Ihrer Kritik, weil sie einseitig sind und auf einem halbierten Menschenbild aufbauen?

Ich bin sehr dafür, daß es so etwas wie moralische Erziehung gibt. Nur darf dabei nicht ausschließlich über »Gerechtigkeit« geredet werden; Moral umschließt vieles andere, etwa die Fürsorge, die Bereitschaft, sich auf andere einzulassen, und so weiter. Natürlich gehören auch kognitive, intellektuelle Elemente notwendig zu einem solchen Lehrplan, aber sie müssen ergänzt werden durch beziehungs- und gefühlsorientierte Elemente.

Haben die Frauen ihre Diskriminierung, nicht zuletzt durch die Psychologie, nur deshalb so lange ertragen, weil sie sich für Probleme der Gerechtigkeit/Ungerechtigkeit nicht so sehr interessiert haben wie für Probleme der Beziehung, Bindung und Fürsorge? Im Kampf um die juristische und gesellschaftliche Gleichberechtigung müssen sie doch ihr Rollenstereotyp überwinden, um Erfolg zu haben.

Frauen waren bisher tatsächlich wenig aufmerksam, wenn es um Fragen der Ungleichheit, der Ungerechtigkeit ging. Zu ihrem Geschlechtsstereotyp gehörte es, sich für andere aufzuopfern, das eigene Selbst zu vernachlässigen in der Beziehung zu anderen. Umgekehrt entdecken Männer oft, wie verarmt doch ihre Beziehungen sind, wie viel an Bindung und Gemeinschaft sie der Autonomie und der Karriere geopfert haben. Beide Geschlechter stellen fest, daß sie sich selbst wichtige Lebensbereiche vorenthalten haben. Menschliche Entwicklung muß die kreative Spannung und den kreativen Wechsel zwischen diesen beiden Verhaltensweisen beinhalten, damit das Persönlichkeitspotential entwickelt werden kann.

*Sie haben eben festgestellt: Defizite in der Persönlichkeitsent-
wicklung können nicht einfach durch Erkenntnis aufgehoben
werden, auch guter Wille reicht nicht aus, um eine Erweiterung
dieser begrenzten Persönlichkeit zu erreichen. Die Psychologin
Norma Haan unterscheidet zwischen Fähigkeiten, die einer
»interpersonalen Moral« entsprechen, die eher weiblich ist, und
den Argumentationsfähigkeiten, die der männlichen Moral mit
ihren Begründungs- und Entscheidungsdiskussionen entsprechen.*

Wenn Sie beispielsweise mit Mädchen über moralische Probleme diskutieren, dann sagen sie, das Wichtigste sei, daß man
über die Probleme spricht, daß man kommuniziert und sich
austauscht. Das Schlimmste sei, so meinen sie, wenn man nicht
miteinander spricht, wenn man schweigt und die Probleme
nicht diskutiert werden. Kommunikation ist also ein ganz
wichtiges Element weiblicher Moral. Die Kunst, zuhören und
sich mitteilen zu können, entspricht ja auch dem Stereotyp,
daß schon kleine Mädchen sich verbal schneller entwickeln als
Jungen und auch später eher Schulfächer bevorzugen, in denen die Kommunikation im Mittelpunkt steht, während Jungen eher den Naturwissenschaften zuneigen. In Kohlbergs Dilemmata wird nun auch eine fast mathematische Fähigkeit zur
Kalkulation der Begründungen und Rechtfertigungen verlangt.

*In Deutschland wurde vor einiger Zeit der Begriff »Bezie-
hungsarbeit« für diese weiblichen Fähigkeiten und Tätigkeiten
geprägt.*

Genau das ist es: Tätigkeiten und Fähigkeiten wurden bisher
mißachtet, weil sie im Wirtschaftsprozeß offenbar keine Rolle
spielen. Es ist also oft genug eine Frage der Etikettierung; was
nicht als »Arbeit« gilt, ist nicht viel wert, jeder glaubt, daß er
reden und zuhören könne.

*Sie begreifen Ihre Arbeit also als Neu-Etikettierung, Sie entwer-
fen einen neuen Rahmen für die Psychologie.*

Ich folge einem klassischen Ansatz, ich untersuche die Gruppe, die von der bisherigen Forschung ausgeschlossen blieb,

stoße auf abweichende Daten und komme zu der Erkenntnis, daß die bisherigen Modelle und Theorien nicht tragfähig sind, weil sie für diese Daten keine Erklärungen bieten.

Ich glaube, daß Frauen allmählich die versteckten Bedeutungen bestimmter Worte entdecken, die man ihnen angehängt hat. In der Abtreibungsfrage wurde ihnen oft unterstellt, sie würden nur an ihre eigenen, persönlichen Interessen denken, sie seien egoistisch und selbstsüchtig.

Eine der Frauen in unserer Untersuchung hat genau dieses Wort »selbstsüchtig« als Trick entlarvt, sie hat gemerkt, was damit bewirkt werden soll. Sie wollte das Kind haben, aber ihre Familie wollte, daß sie erst ihr Studium beendet. In diesem Falle wäre sie also egoistisch gewesen, wenn sie das Kind ausgetragen hätte. Ich fragte: Warum wäre das egoistisch gewesen? Sie antwortete: Weil *ich* es wollte. Frauen haben also ihren eigenen Willen immer als selbstsüchtig, als egoistisch wahrgenommen, eine »gute« Frau erfüllt immer die Wünsche anderer. Sie mußten ihre eigenen Bedürfnisse und Wünsche als Bedürfnisse anderer verkleiden, wenn sie sie verwirklichen wollten, oder sie mußten sich selbst als »wunschlos« erleben, einer der Hauptgründe für die weitverbreitete Depression bei Frauen, die der Verleugnung der eigenen Bedürfnisse entspringt. Sicherheit liegt darin, keine Bedürfnisse zu haben oder zu äußern. Das lähmt und blockiert alle eigenen Aktivitäten und Initiativen. Denn Wünsche zu haben heißt, selbstsüchtig zu sein, heißt, verurteilt zu werden vom eigenen Moralsystem. Wenn das überragende Ziel weiblicher Moral heißt, Beziehungen zu anderen Menschen aufrechtzuerhalten, sie zu pflegen und für sie zu sorgen, dann sind die eigenen Wünsche störend, sie verursachen Frustration und Zorn – der nicht geäußert werden kann – und schließlich Depressionen.

Frauen, vor allem intellektuelle Frauen, haben diese Art von Fallen immer deutlicher durchschaut, aber es scheint, als ob sie trotzdem unter den Widersprüchen leiden.

Die meisten Frauen in unserer Untersuchung über Abtreibung beispielsweise waren intellektuelle Frauen mit Universitätsabschluß und Erfolg im Beruf. Aber ihre Argumentation

Carol Gilligan, geboren 1936 in New York, war Schülerin von Erik Erikson und wissenschaftliche Mitarbeiterin von Lawrence Kohlberg.

»Wollen Sie wissen, was ich denke – oder wollen Sie wissen, was ich *wirklich* denke?« Diese Frage bekam Carol Gilligan sehr häufig von Frauen und Mädchen zu hören. Frauen haben offensichtlich gelernt, »doppelbödig« zu denken, sie mußten im Laufe ihrer Persönlichkeitsentwicklung begreifen, daß ihre Erfahrung und ihre Werte nicht zählen. Und sie haben gelernt, diese Erfahrung zu verschleiern, zu unterdrücken, den offenen Konflikt zu vermeiden. Nach Ansicht von Carol Gilligan findet dieser Lehrgang in Selbstverleugnung irgendwann zwischen elf und 15 Jahren statt: Mädchen mit elf sind noch sehr selbstbewußt, selbstsicher und direkt. Zwischen 15 und 19 Jahren jedoch werden sie zunehmend von Selbstzweifeln gequält, leiden unter ihrer Geschlechtsrolle, und nicht selten drückt sich die Selbstverleugnung in einer psychosomatischen Krankheit aus. Selbstlosigkeit wird buchstäblich zur Selbstzerstörung, weil Frauen feststellen müssen, daß ihre Stimme nicht gehört wird.

Carol Gilligan hat mit bedeutenden Entwicklungspsychologen viele Jahre zusammengearbeitet – Erik Erikson hatte die Lebensläufe berühmter Männer untersucht und die beherrschenden Motive und Werte beschrieben. In der psychologischen Beschreibung von Mahatma Gandhi spielt das Autonomie-Motiv eine große Rolle. Gandhi fühlte sich nur seiner inneren Stimme, seinem Gewissen verpflichtet. Er, der Apostel der Gewaltlosigkeit, muß deshalb für seine unmittelbare soziale Umgebung ein richtiges Ekel gewesen sein. Carol Gilligan hebt die Unfähigkeit zu menschlichen Bindungen, zu Intimität und Kontakt hervor – und sie unterstellt Gandhi eine psychische Gewalttätigkeit ohnegleichen.

Fiat justitia, pereat mundus. Möge die Welt untergehen, Gerechtigkeit muß geschehen – die männliche Moral scheint sich dieser Maxime verpflichtet zu fühlen.

Seit 1979 ist sie Professorin für Psychologie an der *Graduate School of Education* der *Harvard University.* Sie hat zahlreiche Arbeiten auf dem Gebiet der Entwicklungspsychologie vorgelegt. 1988 erschien in deutscher Übersetzung ihr Buch »Die andere Stimme«.

klingt wie die von Hausfrauen. Auch Frauen, die wie Männer arbeiten, die sich in der männlichen Welt von Wirtschaft und Beruf behauptet haben, denken noch lange nicht wie Männer.

Was bei Frauen »Selbstsucht« oder »Egoismus« heißt, gilt bei Männern als Merkmal von Reife und Autonomie, als unabdingbare Voraussetzung für die Persönlichkeitsentwicklung, für Erfolg und Selbstverwirklichung.

Umgekehrt ist »Reife« bei Frauen Abhängigkeit, Fügsamkeit und so weiter …

Das zeigt sich in den neueren Längsschnittstudien von Vaillant und Levinson.

Georg Vaillant hat mir gegenüber offen zugegeben, daß ihm erst später bewußt wurde: er hatte sich bei seiner Studie nur auf Männer beschränkt und auf deren Lebensläufe. Bei Levinson haben sogar Frauen am Forschungsprojekt mitgearbeitet, das ausschließlich den Lebensläufen von Männern gewidmet war. Männer und Frauen haben also nicht bemerkt, daß die Hälfte der Menschheit in dieser Art von Forschung nicht repräsentiert ist. Es schien also auszureichen, nur Männer zu untersuchen.

Ist diese Trennung der beiden geschlechtsspezifischen Urteilsweisen absolut? Gibt es nicht auch Frauen, die durchaus »männlich« urteilen, und umgekehrt?

Doch. Ich würde nicht von geschlechts*spezifischen* Verhaltens- und Urteilsweisen reden, sondern von geschlechts*bezogenen*. Das heißt, die meisten Männer entsprechen ihrem Rollenklischee, und die meisten, aber nicht alle Frauen dem weiblichen. Wer sich nun aus seinem Moralsystem lösen will, wer also beispielsweise an eine Moral der Bindung und der Verantwortung im weiblichen Sinne glaubt, der erlebt das Zuwiderhandeln gegen diese Moral als moralischen Nihilismus. Die Frage des moralischen Nihilismus lautet: Warum überhaupt moralisch handeln? In »Schuld und Sühne« fragt Raskolnikow: »Warum muß ich dem Gesetz gehorchen? Ich stelle mich über das Gesetz.« Für Frauen lautete die Frage entsprechend: Warum sich um andere kümmern? Warum fürsorglich sein? In dieser Welt brauchen nur die Schwachen Beziehungen und Bindungen. Die Folge ist Entfremdung, Unbehagen, Isolation. Meine Hoffnung gilt den Frauen, die sich in berufliche Laufbahnen wagen, wo sie den Widerspruch zwischen ihrem Rollenverständnis und der Wettbewerbsorientiertheit erleben, wo sie aber nicht um den Preis der Depression sich anpassen, sondern die Struktur der Arbeitswelt in Frage stellen und ihre Wertvorstellungen beibehalten. In diesem Kampf werden sie wahrscheinlich von Männern unterstützt, die ähnliche Entfremdungserlebnisse haben und die nicht länger bereit sind, sich dem Zwang einer absoluten Rolle zu unterwerfen. Entfremdung – ein altes Thema in Psychologie und Soziologie – ist der Preis für ein Leben in der kapitalistischen Gesellschaft. Entfremdung heißt, fundamentale Bindungen an andere Menschen auflösen zu müssen, sich zu isolieren, sich schließlich selbst zu zerstören. Das Gefühl für Identität hängt sehr eng mit der Moralität zusammen, die ein Mensch entwickelt. Daran ist beispielsweise das ganze System der Selbstbeurteilung gekoppelt. Wenn das Selbst und die Selbstwahrnehmung auf Bindung und Zusammengehörigkeit konzentriert sind, wird auch das persönliche Moralsystem um diese Werte herum konstruiert. Gut ist, was diese Bindungen und Verbindungen aufrechterhält. Sensibilität für andere, Gefühl und so weiter. Gefährlich sind Isolation und Trennung von anderen.

Das Gestaltgebet von Fritz Perls »Ich bin nicht auf der Welt, um deine Erwartungen zu erfüllen ...« konnte also nur von einem Mann erfunden werden?

Die ganze Verbindung von Liebe und Tod in der westlichen Kultur ist frappierend. In der romantischen Liebe, etwa bei »Romeo und Julia«, kann Intimität nur als Gefahr erlebt werden, sie ist verbunden mit Tod und Auflösung des Selbst. Das ist keine weibliche Sichtweise der Liebe, das ist eine durch und durch männliche Erfindung.

Viele Menschen haben heute Probleme mit dem, was sie unter »Selbstverwirklichung« verstehen: Selbstverwirklichung scheint nur um den Preis der Selbstisolation erreichbar zu sein. Haben da auch die Psychologen Mitschuld, die dieses Konzept in die

Welt gesetzt haben? Haben sie nicht genügend erklärt, was sie mit Selbstverwirklichung meinen? Viele Frauen wollen heute ihre Selbstverwirklichung nachholen und sitzen einem verkürzten »Selbstverwirklichungs«-Begriff auf – und leiden darunter.

Ich glaube, daß in dieser Selbstverwirklichungs-Bewegung dadurch Konfusion entstanden ist, daß eine grundlegende psychologische Wahrheit falsch verstanden wurde. Es ist natürlich notwendig, das eigene Selbst zu entwickeln, sich von anderen zu unterscheiden. Erst danach können ja sinnvolle Bindungen zu anderen Menschen aufgebaut werden. Aber das ist etwas ganz anderes, als wenn man die individuelle Autonomie verabsolutiert und als Lebensziel darstellt. In Vaillants »Werdegängen« möchten die Männer schon gerne so etwas wie Intimität aufbauen, nachdem sie ihre beruflichen Karrieren erreicht haben. Aber schauen Sie sich einmal an, was für Definitionen und Beschreibungen von Intimität dabei herauskommen! Das ist ziemlich erschütternd und armselig.

Sigmund Freud hat 1926 sehr ehrlich zugegeben, daß für ihn das emotionale und sexuelle Leben der erwachsenen Frau ein Niemandsland geblieben ist. Er gab zu, daß ihm die Intimitätsgefühle von Frauen ein Rätsel geblieben sind. Was heißt das für die ganze Psychologie, wenn sie durch einen ihrer führenden Köpfe zugibt, daß sie nur eine halbe Psychologie ist? Die verbalen Bekenntnisse die Männer zur Intimität, zu Liebe und Bindungsfähigkeit können im Grunde nicht ernst genommen werden. Auch eine andere Größe der Psychologie, Jean Piaget, hat die weibliche Seite bei seinen Theorien und Experimenten ausgespart: Das Verhalten von jungen Mädchen beim Spielen in seine Beobachtungen mit einzubeziehen hätte bedeutet, die ganze Theorie über die Entwicklung von Moral und Denken zumindest neu zu schreiben.

In der Vaillant-Studie war es für die Männer am schwierigsten, ihre Ehefrau zu beschreiben. Sie konnten ausführlich und engagiert über ihr Verhältnis zu Arbeit, Tod und über viele andere Dinge reden – den Menschen, der ihnen zumindest theoretisch am nächsten stand, konnten sie nur hilflos mit ein paar dürren Worten charakterisieren.

(Mit Carol Gilligan sprach Heiko Ernst)

STANLEY KELEMAN

»Wir haben keinen Körper, wir sind Körper«

Akademische Außenseiter wie Wilhelm Reich und in den 70er Jahren vor allem die Human-Potential-Bewegung können das Verdienst für sich beanspruchen, den »vergessenen« Körper wieder ins Bewußtsein der Menschen (und der Psychologie) gerückt zu haben. Der Körper ist kein Anhängsel der Seele, er ist mit ihr zusammen eine Einheit – und er weiß oft deutlicher als das Gedächtnis, welche Verletzungen und Schäden der Mensch in seiner Entwicklung erlitten hat. Die Konsequenz daraus heißt für Therapeuten wie Stanley Keleman: Mit dem Körper arbeiten, um die Psyche zu heilen.

Im Jahre 1968 machte ich meine erste »Pilgerfahrt« zu den berühmt-berüchtigten Zentren für Persönlichkeitsentwicklung (growth centers) *in Kalifornien. Was ich bei einer von Ihnen geleiteten bioenergetischen Gruppensitzung zu sehen und zu hören bekam, Stanley Keleman, stellte meine Schamhaftigkeit auf die größte Probe. Die Nacktheit in den Bädern des Esalen-Instituts wirkte auf mich recht sittsam. Flötenmusik und Weihrauch verschmolzen dort mit der rhythmischen Brandung des Pazifik zu einer Einheit und erzeugten einen Eindruck von Frieden und Harmonie. Sie aber forderten die Menschen, die an Ihren Sitzungen teilnahmen, auf, um sich zu schlagen, zu treten, zu schreien und sich allen unwillkürlichen Regungen des Körpers zu überlassen. Sie brachten ihnen bei, wie sie die Kontrolle über sich verlieren können. Mir war klar, daß Sie ein Freigeist, vermutlich sogar ein Prophet chaotischer, irrationaler Mächte sind. Seit dieser Zeit habe ich die Bioenergetik als einen der wichtigsten therapeutischen Wege zur Wiederentdeckung der gesunden Kräfte im Körper des Menschen schätzengelernt.*

Was sind für Sie die bestimmenden Merkmale der Bioenergetik, so wie Sie sie anwenden?

In der Bioenergetik konzentrieren wir unser Interesse auf Bewegung und Gestalt im menschlichen Organismus. Wir versuchen zu verstehen, wie Gefühl und Bewegung, eine Struktur und die Prozesse, an denen sie teilnimmt, miteinander in Verbindung stehen. Wir sprechen davon, daß der Mensch als solcher einen Lebensprozeß, eine sich bewegende Struktur, einen Körper, der sich bewegt, darstellt. Alle emotionalen oder seelischen Konflikte sind von Deformierungen einzelner Körperbewegungen begleitet. Den Menschen frei zu machen heißt, seinen Körper zu befreien.

Wie unterscheidet sich Ihre Therapie von der der Freudianer, Jungianer und Urschrei-Therapeuten?

Mein erstes Interesse gilt der körperlichen Erscheinung eines Menschen. Ich seh' mir einen Körper an, um festzustellen, wieviel Koordination, wieviel Anmut in ihm ist. Ich prüfe, wo der Körper ohne Spannkraft und wo er verkrampft ist, welche Teile unterentwickelt und welche überentwickelt sind, wieviel

Lebenskraft sich insgesamt in ihm ausdrückt. Darüber hinaus versuche ich schon zu lokalisieren, wo chronische physische und psychische Verspannungen sitzen.

Gibt es eine bei allen Menschen gültige Körpersprache? Entsprechen Körperhaltungen bestimmten emotionalen Dispositionen?

Das Entziffern der Körpersprache geschieht bei mir aufgrund bestimmter hypothetischer Annahmen. Ein steifer Nacken, eine verspannte Wirbelsäule, geschlossene Beine zeigen für mich in der Regel an, daß ein Mensch Angst vor Unbeständigkeiten hat und meint, das Leben mit Festigkeit meistern zu müssen. Schwache Muskeln, die in sich zusammenzufallen drohen, sind ein Anzeichen dafür, daß dieser Mensch schlecht Aufregungen und Konflikte ertragen kann. Es zeigen sich wiederkehrende Muster: Hysterische Körper sind hyperaktiv, immer bereit zur Selbstverteidigung; masochistische Körper sind fest und muskelbewehrt; schizoide Körper sind in sich zerfallen, die verschiedenen Teile scheinen nichts miteinander zu tun zu haben, einige sind sehr steif und verspannt, andere wieder lasch und kraftlos.

Menschen, die dastehen, als hätten sie einen Spazierstock verschluckt, und Menschen, deren Haltung einem Fragezeichen ähnelt, Hypertoniker und Atoniker stellen also extreme Körpertypen dar.

Genau. Ich teile den Körper auch ganz willkürlich in eine obere und eine untere Hälfte ein. Die untere Hälfte gibt mir Hinweise auf die Instinktwelt dieses Menschen. Sexualität und Ausscheidung spiegeln wider, wie der Mensch mit seinen Instinkten zurechtkommt, Beine und Füße zeigen seine Verankerung im Leben und sein Maß an Unabhängigkeit an. Die obere Hälfte des Körpers gibt Aufschluß über die sozialen Bezüge eines Menschen. Indem ich mir Arme, Hände, den Brustkorb, das Gesicht anschaue, bekomme ich einen Eindruck davon, wie dieser Mensch auf seine Umwelt zugeht, was er mit ihr macht, welche Gefühle er ihr gegenüber entwickelt hat. Die Beziehungen zwischen der Instinktwelt und der Sozialwelt eines Menschen interessieren mich. Ist die obere Hälfte seines

Körpers mehr entwickelt als die untere? Dann kann es sein, daß dieser Mensch in seiner Kindheit in seinen Lebensäußerungen sehr eingeschränkt worden ist. Er hat es vermutlich dadurch kompensiert, daß er unwillkürliche sexuelle Regungen und Bewegungen abgeblockt, die Bewegungen des Oberkörpers aber »fest in die Hand genommen« hat. Es kann aber auch der Unterkörper überentwickelt worden sein. Bei Frauen, denen man immer wieder erzählt hat, wie attraktiv und sexy sie sind, die als Kinder viel Lob von ihren Vätern erhalten haben, wenn sie ihnen schöntaten, kann man häufig feststellen, daß die untere Hälfte ihres Körpers sehr ausdrucksstark ist, ihr Oberkörper aber eingefallen ist, ihre Augen ohne Leben und Glanz sind. Sie sehen verängstigt aus, ihnen fehlt die Kraft, ihr Schicksal zu formen.

Die Körperstruktur einer Person und der Bewegungsablauf in ihr enthalten existentielle Aussagen über die Lebenssituation dieses Menschen.

Die Bioenergetik scheint ein angemessenes therapeutisches Verfahren für ein existentialistisches Menschenbild zu sein. Gabriel Marcel, Jean-Paul Sartre und Martin Heidegger haben immer wieder darauf hingewiesen, daß Seele und Körper nicht zu trennen sind. In der traditionellen Psychotherapie herrscht ein idealistisches Vorurteil: Die Beziehung von Leib und Seele wird anerkannt, aber der therapeutische Prozeß soll jeweils dadurch in Gang gesetzt werden, daß man sich mit Vorstellungen, Einbildungen, Worten und Erinnerungen beschäftigt. Die klassische Heilungsmethode traditioneller Therapie, in deren Zentrum ja das Sprechen steht, siedelt die Hemmfaktoren für die seelische Gesundheit des Menschen mehr in der Seele als im Körper an.

Da stimme ich Ihnen völlig zu. Wir müssen umdenken. Wir *haben* keine Körper, wir *sind* Körper. Es gibt auch keinen Unterschied zwischen Körper und Welt. In unserer Körperlichkeit drückt sich unsere Geschichte als Menschen und unsere Verwandtschaft mit den anderen Körpern dieser Welt aus. Der lebende Organismus erfährt sich selbst und die Welt auf dieselbe Art und Weise: als geschlossen oder offen, als warm oder kalt, als etwas Bedrohliches oder etwas Verheißungsvolles. Unsere Unverwechselbarkeit liegt in dieser doppelten Bewußtheit; wir sind die Welt und wir sind wir selbst; wir sind unsere Vergangenheit und wir sind unsere Gegenwart.

Ich bezweifle, daß man das Leib-Seele-Problem auf eine so einfache Formel bringen kann. Springen Sie mit dem, was Sie sagen, nicht einfach auf die andere Seite der Wippe, auf die materialistische im Gegensatz zur idealistischen Seite?

Ich möchte hoffen, daß ich nicht meinen Verstand verlieren muß, um meinen Körper zu finden.

Bioenergetik ist meiner Meinung nach nicht reduktionistisch. Es wird nicht versucht, dem Körper sein Recht auf Kosten des Verstandes zu geben. Bioenergetik bietet eine energetische Erklärung der Wirklichkeit an, die Körper und Seele/Geist umgreift. Lassen Sie uns eine kleine Exkursion in die Geschichte machen, damit das deutlicher wird.

Freud bewegte sich hauptsächlich im Bereich Seele/Geist. Er benutzte Einbildungen, Worte, Träume, Erinnerungen bei seinem Bemühen, seelische Prozesse sichtbar zu machen und zu zeigen, wie sie die Realität verbiegen und wie Lebensereignisse auf sie einwirken.

Wilhelm Reich unternahm den Versuch, den Menschen als biologischen Prozeß zu begreifen, und er untersuchte die gemeinsamen energetischen Faktoren, die hinter körperlichen und seelischen Prozessen stehen. Die Bioenergetik hat sich aus dieser Auffassung von einem einzigen, einheitlichen Lebensprozeß entwickelt, wobei körperliche und seelische Vorgänge nur verschiedene Ausformungen dieses Prozesses sind. Das Denken in den Begriffen Seele und Leib ist mir als Therapeut fremd. Ich spezialisiere mich nicht in Gefühlen oder in Ideen. Ich versuche mir klarzumachen, wie sich in einem Menschen ganzheitlich seine spezielle Lebenssituation ausdrückt. Wenn ich jemanden zum Beispiel auffordere, sich hinzulegen und 25mal kräftig mit den Füßen auf das Bett zu schlagen, dann zeigt sich immer wieder, daß durch verstärkte Atmung und verstärkte Bewegung Empfindungen, Erinnerungen und neue Wahrnehmungen in diesen Menschen ausgelöst werden. Nach einer solchen Übung erzählen diese Menschen mir dann: »Ich habe ein Kribbeln in meinen Beinen gespürt und mich daran erinnern können, wie ich als Baby in der Wiege lag und nicht aufstehen konnte, wie ich zu schreien anfing und um Hilfe rief. Mir kommt es jetzt so vor, als ob ich viel besser auf meinen beiden Füßen stehen kann als vorher.«

Stammt die Bioenergetik von Wilhelm Reich?

Er war unser aller Großpapa. Er griff Freuds Vorstellung von der Libido auf und konkretisierte sie durch physiologische und gesellschaftspolitische Begriffe. Er entwickelte die Theorie vom Charakter-Panzer der Menschen. Das bedeutet: Verformungen der Libido drücken sich immer in chronischen Verspannungen der Muskeln und erstarrten Körperhaltungen aus. Er stellte fest, daß wichtige körperliche Eigenschaften und Charaktereigenschaften beim Menschen die Funktion haben, den Fluß der Gefühle und Energien zu regulieren. Das Physiologische und das Psychologische sind zwei Ausformungen desselben Prozesses: Die Charakter-Panzerung eines Menschen zeigt sich in chronischen Muskelspannungen, wie sie sich in starrem Nacken, entschlossen vorgeschobenem Unterkiefer, aufgepumptem Brustkorb oder zusammengekniffenem, flachem Hinterteil ausdrücken. Durch chronische Muskelspannungen verringern sich die Empfindungen, verringern sich die Bewegungen, verringert sich die Fähigkeit des Menschen, sich selbst auszudrücken. Sie kapseln den Menschen ein in ein begrenztes, unwirkliches Selbstbild. Wenn jemand Zorngefühle oder sexuelle Empfindungen abwürgt, dann wird er sich auch eine entsprechende Vorstellung von sich selbst formen, um seine selbstgewählten Beschränkungen zu schützen. Er wird sich für Lebensanschauungen einsetzen, die Zorn als etwas Schlechtes verurteilen und Sexualität als eine gefährliche Macht ansehen, die man stark unterdrücken muß.

Was hat Reich an neuen therapeutischen Verfahren entwickelt, um die Charakter-Panzer der Menschen aufzubrechen?

Er ließ Leute sich auf den Rücken legen und tief durchatmen. Auf diese Weise sollten sie spüren, wo die Spannungen in ihrem Körper sitzen. Dann forderte er sie auf, Beziehungen zwischen ihren Körperspannungen und ihren psychischen Einstellungen herzustellen. Er unterwies sie darin, sich zu schlagen, zu treten, sich zu bewegen, den Mund vorzustülpen und psychische Vergiftungen buchstäblich auszukotzen. Das therapeutische Ziel dabei war es, den Körper so zu entspannen, daß er sich den unwillkürlichen Regungen in sich überließ. Sexuelle Befreiung, die Fähigkeit des Körpers, sich orgastischen Zuständen zu überlassen, sah er als die Mittel an, Freiheit wiederzuerlangen. Deshalb konzentrierte Reich sich bei seinen Patienten darauf, daß sie ihr Becken frei bewegen lernten, damit es auch unwillkürlichen Regungen Bewegungsausdruck geben konnte. Deshalb setzte er sich für eine Befreiung des Körpers ein, damit dieser sich seinen eigenen Schwingungen überlassen konnte.

Man hat Reich oft vorgeworfen, daß er die Sexualität überbetont, daß er in vereinfachender Weise die Botschaft predigt, daß durch häufigere und bessere Orgasmen die Probleme in der Welt gelöst würden. Was ist an diesen Vorwürfen dran?

Reich ist in seinem Sexualleben extrem prüde gewesen, sogar nach viktorianischen Maßstäben. Er hat betont, daß das therapeutische Ziel orgastischer Freiheit nur erreicht werden könne, wenn die jeweiligen Personen eine dauernde, befriedigende Beziehung miteinander eingehen würden und Befriedigung bei der Arbeit erreichen würden. Er war auch alles andere als naiv in bezug auf die Möglichkeit, Neurosen zu heilen, ohne daß ein größerer politischer und sozialer Umbruch eintritt.

Reichs Ansehen hat unter der Schwülstigkeit seiner kosmologischen Theorien von Orgon-Energie und durch jene seltsame Geschichte mit den Orgon-Akkumulatoren, die von der Food and Drug Administration (der nationalen Aufsichtsbehörde über den Lebensmittel- und pharmazeutischen Bereich in den USA) als Schwindel bezeichnet wurden, gelitten. Er hat die Fackel der Bioenergetik in den USA an Alexander Lowen weitergereicht. Wie hat der Theorie und Praxis der Bioenergetik verändert?

Zu allererst einmal ist er der Metaphysik aus dem Wege gegangen. Während Reich hauptsächlich von der Lust und den unwillkürlichen Regungen im menschlichen Organismus gesprochen hat und betont hat, daß man den Charakter-Panzer des Menschen aufweichen müsse, hat Lowen Selbstbehauptung und Ich – das Realitätsprinzip – in den Vordergrund gerückt. Lowen läßt seine Freudschen Patienten häufig aufstehen, damit die Energie in ihrem Körper wieder nach unten fließen kann. Dann läßt er sie aus dieser Position heraus gegen die Couch treten, um ihre Aggressionen gegen die eigenen inneren Sperren zu mobilisieren. Auch er hat das Ziel besserer sexueller Beziehungen im Auge, aber er betont, daß ein starkes Ich notwendig ist, um sich der Lust zu überlassen.

Betont eine Philosophie oder eine Therapie das Lustprinzip, dann ist immer das Realitätsprinzip in Gefahr. Norman O. Brown hat uns nie erklären können, wie ein Mensch, der sein Leben in »polymorpher Perversität« zubringt, ein Ego formen kann, das einen ausreichend starken Realitätssinn besitzt, um Getreide anzubauen oder einen Computer zu konstruieren. Noch hat Herbert Marcuse uns sagen können, wie in einer vom Eros bestimmten Gesellschaft Müll beseitigt wird. Was bedeuten für Sie Ego, Lust und Realitätsprinzip?

Ich benutze den Begriff *Ego* überhaupt nicht. Ich ersetze ihn durch die Vorstellung eines *sozialen Ichs.* Das soziale Ich ist das Realitätsprinzip. Realität ist all das, wofür wir eintreten, wohin wir unsere Energie leiten. Realität ist der ganze Bereich der Tätigkeiten und Möglichkeiten, denen wir uns hingeben. So etwas wie eine objektive Realität – sei sie kosmologisch oder sozial –, die getrennt von unserer Bereitschaft, sich mit ihr abzugeben, existiert, gibt es nicht. Wenn die Mehrheit in einer Gesellschaft plötzlich der Meinung wäre, daß unser Arbeitsethos eine falsche Sache ist, und sie sich dafür entscheiden würde, eine Welt zu schaffen, in der es jedem gestattet wäre, zu suchen, was ihm die größte Lust bereitet, dann wäre das das neue Realitätsprinzip. Ziele und Funktionen, die wir als lebende Organismen aufrechterhalten, bestimmen uns auch. Im Augenblick sind wir Menschen durch viele Funktionen bestimmt: Reproduktion, Sexualität, arbeiten, um zu überleben, und Arbeit als Ideal. Lust ist nicht die einzige sozial wünschenswerte Realität. Erst in jüngster Zeit (verglichen mit der Menschheitsgeschichte) haben die Menschen analytische und kognitive Funktionen stark gefördert. Wir nennen den Menschen ein Vernunftwesen – Homo sapiens –, alle seine anderen

Funktionen sind als von geringer Würde und geringerem Wert angesehen worden. Durch Freuds Feststellung, daß die Sexualität ein entscheidender Faktor der menschlichen Identität ist, sind wir in ein neues Zeitalter eingetreten. Ich stimme nicht mit Freud überein. Nach meiner Meinung weist uns die Evolutionstheorie darauf hin, daß der Mensch immer ein Werdender war und sein wird. Wir können noch nicht bestimmen, wer wir sind. Oder besser gesagt: Wir sind biologische, energetische Prozesse auf dem Wege zu einem unbekannten Ziel.

Das bringt uns zu der Frage der Beziehung zwischen Ich und Gesellschaft zurück. Wenn Realität sozial definiert wird, dann ist auch die Struktur des einzelnen durch die ökonomischen, politischen, ideologischen Strukturen seiner Zeit bestimmt. Wenn wir den Menschen also ändern wollen, müssen wir die Gesellschaft ändern. Es gibt nichts im Menschen, das sich nicht auf etwas außerhalb von ihm beziehen würde. Es gibt keine Psyche, die nicht von der Polis beeinflußt wird. Mir scheint, daß die Genialität von Wilhelm Reich, der die Grundlage für eine Radikal-Therapie geschaffen hat, für die Entwicklung der Bioenergetik nicht genügend gewürdigt wird.

Ich meine, Lowen war aus gutem Grund apolitisch. Er sah, daß das Politische Wilhelm Reich zerstört hatte: Und so nahm er die konservative politische Haltung Freuds an. Freud ist sich bewußt gewesen, daß die ganze psychoanalytische Bewegung zerstört worden wäre, wenn er zu früh als Revolutionär hervorgetreten wäre. In einer Gesellschaft, in der das Arbeitsethos regiert, hat das Gespenst eines Lebens für die Lust etwas furchtbar Bedrohliches an sich.

Aber eine Therapie des Körpers auf der Grundlage der Freudschen Vorstellungen von Ego und Realitätsprinzip zu versuchen heißt doch nicht nur, eine Schlacht zu verlieren, sondern aufzugeben, bevor die Schlacht überhaupt begonnen hat. Wenn ich es mal etwas frei formulieren darf: Das Lustprinzip heißt doch, daß die Lust über dem Prinzip steht; mit anderen Worten: Am Anfang war die Liebe, dann kam die Vernunft (logos); Energie bedeutet ewige Lust. Oder wie Augustinus es formuliert hat: »Liebe und tue, was Du willst.«

Ich glaube nicht, daß man gut therapieren kann ohne eine politische (vielleicht braucht man sogar eine metaphysische) Vision.

Ich stimme zu. Die Idee einer Evolution ist der Kontext meiner Arbeit. Der menschliche Körper ist Teil eines anhaltenden Prozesses. Ich glaube nicht, daß die Zivilisation Krüppel aus uns gemacht hat. Wir mußten durch die industrielle Revolution hindurch und durch eine Zeit, in der wir unsere kognitiven und manipulatorischen Kräfte überentwickelt haben. Gewiß hat der Zivilisationsprozeß Narben bei uns hinterlassen. Unsere Körper sind voller Abwehr und bis zu einem gewissen Grade taub gegenüber lustvollen Empfindungen. Aber ich glaube nicht, daß die kognitiven, kontrollierenden Funktionen im Menschen stärker als die Lebensfunktionen sind. Wir entfalten und entwickeln uns. Alles ist im Fluß. Der Körper-Panzer des Menschen ist im Laufe der Menschheitsgeschichte dünner geworden. Schauen Sie sich mal den Muskelaufbau der Affen an. Der Cromagnon-Mensch hätte sich bestimmt nicht für ein Sensitivitätstraining geeignet. Es scheint, als ob der Mensch immer aufrechter geht, seine Haut immer dünner wird, er überhaupt immer flexibler wird. Sexualität ist beim Menschen nicht auf bestimmte Zeit im Jahr beschränkt. Dadurch hat er die Fähigkeit für viele Innovationen gewonnen, ein unausgeschöpftes Potential. Weil wir Dinge neu schaffen können und weil es so schmerzhaft ist, so viele Dinge nicht zu können, nicht zu wissen, haben wir unser Leben weitgehend ritualisiert, es weitgehend in feste Strukturen gepreßt. Aber das ist nur ein Übergangsstadium. Wir können aus einem größeren Fundus an Gefühlen und Verhaltensweisen schöpfen als unsere Urahnen. Und so meine ich, daß es an der Zeit ist, eine flexiblere Sicht des Menschen zu gewinnen und unsere Welt als jeweils im Übergang zu begreifen.

Freud, Reich, Marcuse und Brown, sie alle laufen einer romantischen Vision nach, zu der gehört, unsere Zivilisation als Quelle der Unzufriedenheit und der Repression zu brandmarken. Sie alle sehnen sich nach der Wiedergeburt des edlen Wilden, der Wiederauferstehung des keinerlei Zwängen ausgesetzten Körpers des Urzeit-Menschen.

Ja, bei ihnen findet man eine merkwürdige Vorstellung von der Ursünde: Nicht die Schlange im Garten Eden, sondern die Maschine in der Stadt ist schuld an allen Plagen. Reich will die Gesellschaft verändern, um den Menschen zu seinen Quellen in der Natur zurückzubringen – darin zeigt sich doch, daß ihm das Verständnis für das, was der Mensch durch sein Tun in der Welt geworden ist, die Empfänglichkeit für das zum Vorschein kommende Freiheitspotential im Mensch abgegangen ist. Er hielt es nicht für möglich, daß der Mensch die Zivilisation geschaffen hat, um menschlicher zu werden.

Können wir den Versuch machen, Ihre Theorie in die Praxis zu übertragen? Wie beeinflußt Ihre evolutionäre Weltsicht ihre therapeutische Arbeit?

Ich versuche Aggression nicht mit den traditionellen Begriffen zu fassen, wie es Reich und Lowen taten. Ich setze nicht voraus, daß es irgendeine richtige Lebensweise noch irgendein Muster für richtiges Sexualverhalten gibt. Wenn ein Mitglied einer primitiven Kultur nicht in der Lage gewesen wäre, aggressiv zu sein, ein bißchen zu töten und auf sexuellem Gebiet ein bißchen Gewalt anzuwenden, dann hätte es nicht überlebt. Aber das hat sich geändert. Durch die Zivilisation ist es einigen von uns möglich geworden, Künstler, Dichter zu werden, sich auf eine sehr gewaltlose Art und Weise durchzusetzen. Das alles heißt doch: Das Bemühen, ideale Körperlichkeit bei Männern oder Frauen zu schaffen, ist doch nur Orthodoxie im anderen Gewande. Aus diesem Grunde lehne ich die Idee idealer Körperhaltungen, nach der Alexander-Methode oder wie sie in Ida Rolfs Arbeiten zum Ausdruck kommt, ab. Wenn gesagt wurde, der Mann müsse seinen Unterkörper beim Geschlechtsverkehr nach vorne stoßen, in einer vorwärts drängenden Bewegung, sonst fehle es dabei an männlicher Aggressivität und das sexuelle Vergnügen sei geringer, dann ist das doch nur eine neue Art von Chauvinismus. Unterschiede in Körpertypen und in der Lebensweise zwischen den Menschen bleiben da völlig unberücksichtigt. Wenn zu mir ein Mensch kommt, dann versuche ich mit ihm zu ergründen: »Wie möchtest du in dieser Welt leben, und welche Zwänge wurden dir auferlegt, daß du nicht so werden kannst, wie du willst?«

Heißt das, daß für Sie Vorstellungen von Männlichkeit und Weiblichkeit aufgehört haben zu existieren?

Ich interessiere mich mehr dafür, auf welche Weise irgendeine Person ihrer Sexualität Ausdruck gibt. Es kommt ein Mann zu mir und erklärt, daß er den Geschlechtsverkehr am liebsten auf eine bestimmte Art und Weise mit sanften Bewegungen des Unterkörpers durchführe, aber er fühle sich nicht männlich genug dabei. Ich frage ihn dann, warum er meint, daß er in diesem Fall nicht männlich genug sei: »Nun, ich stoße nicht kräftig genug; ich bin nicht aggressiv; ich ergreife zuwenig Initiative; ich beherrsche die Frau in dieser Situation zuwenig.« Ich sage ihm dann, daß das total verrückt ist, was er da vorbringt, daß er das alles nur so empfindet, weil er ein stereotypes Männlichkeitsideal hat. Ich will es noch anders ausdrücken: Reich und Lowen haben keinen Raum für das gelassen, was Jung die introvertierte Persönlichkeit genannt hat. Einige Menschen warten ab, bis die Dinge auf sie zukommen, und sind nicht so schrecklich aggressiv. Das drückt sich auch in ihrem Sexualverhalten aus. Was sollte daran falsch sein?

Die Menschen unterscheiden sich so sehr voneinander. Einige Körper haben gotische Formen, andere sehen aus, als ob sie nach einer Vorlage von Rembrandt oder El Greco geformt worden wären. Ich nehme diese Unterschiede ernst. Einige Menschen machen scharfe, analytische, penetrierende Bewegungen in die Welt hinein; ihre Energie schießt heraus und nimmt dann wieder ab. Andere bewegen sich sacht und ausdauernd auf etwas zu, ihre Energie ist wellenartig, sie steigt und fällt. Einige Menschen verlangen nach scharfen Grenzen, andere sind weicher, diffuser in ihrer Art.

Wie kann eine Therapie dem Menschen helfen, mehr Freiheit und Individualität zu erlangen?

Eine gute Therapie weist zwei wichtige Dinge auf. Zum einen muß der Mensch erfahren, auf welche Weise sein Charakter-Panzer seine Persönlichkeit hemmt und auf welche Weise das in ihm Ausdruck gefunden hat. Charakter-Panzer ist Körper-Karma, ist die verbogene Art und Weise, die das Ich gewählt hat, um sich zu erhalten. Wenn jemand zum Beispiel die Gesäßmuskeln so verspannt hat, daß dadurch das Gefühlsleben eingeschränkt worden ist, dann drückt sich darin aus, daß er keinen anderen Weg als diesen gefunden hat, die Integrität seines Organismus zu bewahren. Nein zum wahren Ich zu sagen kann manchmal der einzige Weg für einen Menschen sein, um ja zu sich zu sagen. Indem er die Hingabe verweigert, behält dieser Mensch die Kontrolle über sich. Der Schmerz und die Spannung, die durch chronisches Zusammenziehen der Muskeln entstehen, müssen von einem solchen Menschen in der Therapie erfahren werden auf dem Hintergrund, daß die Abwehrmechanismen des Körpers und der Seele in der Kindheit eine Funktion hatten und notwendig waren.

In solchen Spannungen drückt sich die Art und Weise des Seins aus, das ein Mensch sich gewählt hat. Aber solche Staumauern im Körper hat man nicht einfach schon dadurch eingerissen, daß man sie erspürt hat, sich ihrer Entstehung bewußt geworden ist. Dieser Moment bedeutet zwar, daß man die Welt jetzt anders erlebt. Wenn der Charakter-Panzer aufzubrechen beginnt, werden Vibrationen, pulsierende Bewegungen, Ströme von Empfindungen frei, und sie tragen ein neues Lebensgefühl in Körperregionen hinein, die vormals tot und taub waren. Das ist eine aufregende Sache, aber es ruft auch Angst hervor. Es dauert seine Zeit, bis man es schafft, die neue, größere Lebendigkeit ganz anzunehmen.

Bedarf es nicht mehr als Selbsterkenntnis und Erfahrung neuer Gefühle?

Unbedingt. Selbsterkenntnis ist immer mit einem Tabu belegt gewesen – »Iß nicht vom Baum der Erkenntnis dessen, was gut und böse ist!« In der traditionellen Therapie hat man sich an Sokrates gehalten, um an diesem Tabu vorbeizukommen. Der gab den Rat: »Erkenne dich selbst!« Aber niemand wagte es, das tiefer sitzende Tabu zu brechen: Sei du selbst! Selbsterkenntnis gestattet es uns, unseren biologischen Organismus aus einer sicheren Distanz heraus zu betrachten, aber Handlung verlangt von uns, daß wir uns verpflichten, die Grenzen des Bekannten auch zu überschreiten. Wenn man sich selbst erkennen will, muß man stillsitzen; wenn man man selbst sein möchte, muß man sich bewegen.

Wenn Selbsterkenntnis zu Erleuchtung führt, dann beinhaltet Handlung doch auch Verfinsterung. Wir haben in unserer westlichen Zivilisation das Streben nach Wissen und Macht so idealisiert, daß wir uns schwertun, zuzugeben, daß das Menschsein es mit sich bringt, daß wir immer wieder im dunkeln tappen. Wir sind darauf programmiert worden, nach Licht und Wahrheit zu suchen, und wir begreifen es nicht, warum all unser Wissen uns nicht heimisch in der Welt macht.

Einer der wichtigen Momente in einer Therapie ist es, dem Menschen dabei zu helfen, Wege zu finden, mit der uns bleibenden Hilflosigkeit der menschlichen Existenz fertig zu werden. Mir scheint, die wahre Erklärung einer Neurose ist die: ein Zustand der Hilflosigkeit über die Hilflosigkeit. Da wir »Organismen auf dem Wege« sind, werden wir immer wieder vor Situationen stehen, in denen wir buchstäblich nicht wissen, was wir machen sollen.

Ein Kind ist sich bewußt, daß es sich aus einer emotional unerträglichen Situation befreien muß, aber es weiß nicht wie. In einer therapeutischen Situation kann es Schwierigkeiten für einen Menschen mit sich bringen, wenn er die Energie, die neuen Gefühle spürt, die durch Zusammenbruch alter Verhaltensprogramme freigeworden sind, weil er nicht weiß, was er damit anfangen soll. Zu lernen, mit der Hilflosigkeit fertig zu werden, ist ein Prozeß, der beinhaltet, daß man die Hilfe anderer Menschen annimmt. In der therapeutischen Situation erfährt der Therapeut ebenfalls seinen Anteil an der universalen Hilflosigkeit, aber auch seine Verpflichtung, Wege zu erforschen, um sie zu überwinden.

Einem Menschen, der zu mir in die Therapie kommt, hoffe ich, seine ureigene Sicht seiner Lebensverhältnisse wiedergeben zu können und die Fähigkeit, seinen Organismus auf freiere Art und Weise zu benutzen. Ich möchte ihm helfen, eine ihm eigene Grundlage dafür zu finden, in Übereinstimmung mit seinem Körper zu gelangen, so daß er seine Hilflosigkeit begrenzen kann.

Gute Therapie bringt einen Menschen aber immer von Angesicht zu Angesicht mit dem Unbekannten, und sie führt ihn vor die Notwendigkeit, neues Verhalten zu entwickeln. Spontaneität im Verhalten freizumachen ist die eine Seite; aber die andere ist, diese Spontaneität zu ergreifen und sie zu entwickeln. Das Leben ist so reich: Es schenkt uns die Spontaneität und fordert dann:»Nun mach was damit, entwickle sie!« Das Leben setzt die Saat in die Erde, wir aber müssen der Gärtner sein.

Was sehen Sie als das Ziel der Bioenergetik an?

Für mich sind Ver-Körperung *(embodiment)* oder nennen wir es Selbst-Gestaltung *(self-formation)* die Ziele. Jeder Organismus durchläuft verschiedene Stufen. Unser Leben entspringt einem Zustand des universalen Einsseins, geht über in einen Zustand der Expansion, erreicht einen Zustand, in dem Grenzen gesetzt werden, um Energie zu binden; es folgt ein Zustand, wo diese Grenzen brechen, und die Lebensenergie strömt dann ins All zurück. Das ist dann der Tod, symbolisch oder real. Selbsterkenntnis setzt Grenzen, die Energie festhalten und uns Erklärungen unserer selbst liefern. Aber wenn wir handeln oder wenn etwas mit uns geschieht, dann sprengen wir diese Grenzen und erweitern unser Sein. Bis zu dem Moment, wo wir tatsächlich sterben, sprengen und verschieben wir unsere Grenzen. Ich möchte, daß ein Mensch eine Art von Identifikation mit allen Seiten seines biologischen Prozesses entwickelt: Gefühl, Empfinden, Denken und Handeln. Beides, zurückhalten und Ausdruck geben, Spannung und Entspannung, ist nötig für einen Organismus, damit er beweglich bleibt, anmutig abläuft und in Harmonie mit sich bleibt. Therapien wie der Urschrei scheinen mir ein zu begrenztes Blickfeld zu haben. Eine Steigerung der Fähigkeit, etwas zu fühlen, ist ein guter Ausgleich, wenn die Kräfte des Verstandes überentwickelt wurden, aber man soll doch nicht vergessen: Auch Denken und Handeln sind wichtige Funktionen eines gesunden Organismus.

Ihr idealer Mensch muß sehr beweglich sein.

Und ein bißchen »hungrig« zur gleichen Zeit. Solange wir leben, können wir damit rechnen, daß wir unvollkommen, hin und her gerissen sind. Wir müssen die Illusion aufgeben, daß wir das Ziel erreichen. Ein Satz aus einem der Bücher des he-

bräischen Haftorah gefällt mir: »Und der Mensch ist eine Ver-
heißung, die sich noch nicht erfüllt hat.« Wir sind Organismen
mit einer offenen Seite zur Zukunft hin, und so werden wir nie
den Zustand der Ruhe erreichen.

*Mir scheinen Religionen und Therapien dadurch gekennzeich-
net werden zu können, wie sie die Frage beantworten: Was machen wir mit all dem Verlangen, der Leere, dem Hunger, dem
Nichts, die so eng beim Zentrum allen menschlichen Erlebens
hocken? Buddhas große Entdeckung war es, daß Wunsch und
Verlangen die Wurzel alles Leides sind und daß der Weg zur
Glückseligkeit, zum Nirwana, darin besteht, alles Verlangen in
sich auszulöschen. Augustinus hielt dafür, daß das unersättliche
Verlangen des Menschen – die Sinneslust – dann zur Ruhe
kommen würde, wenn es sein wahres Ziel, Gott, gefunden habe.
Existentialistische Therapeuten unterscheiden neurotische Ängste von der Seinsangst, die nur durch ein Sinnverlangen gelin-
dert wird, so glauben sie. Die am weitesten verbreitete Art, mit
dem beunruhigenden Bewußtsein fertig zu werden, daß das Leben unvollständig bleibt, ist wohl, sich vor den Fernseher zu setzen, Rauschgift zu nehmen oder wenigstens Beruhigungsmittel.
Ich glaube, wir erschaffen das Problem erst in dem Moment, in
dem wir unsere Sehnsucht nach Vollkommenheit als unnormal
und falsch hinstellen. Wir schämen uns unseres metaphysischen
Hungers.*

Unzufriedenheit ist eine strukturelle Komponente eines le-
benden Organismus. Eines der Gesetze energetischer Abläufe
besagt, daß jede Zufriedenheit den Keim für Unzufriedenheit
schon in sich trägt. Jeder tiefe Kontakt schafft das Verlangen
nach mehr Kontakt: Je mehr jemand erleben kann, je mehr jemand besitzt, nach desto mehr verlangt er. Wenn zum Beispiel
ein Mann und eine Frau heiraten und damit beginnen, sich gegenseitig ihre tiefsten Bedürfnisse zu erfüllen, dann tauchen
neue Wünsche nach noch intensiverem Kontakt, nach noch
mehr Leben, noch mehr Interaktion, noch mehr Gemeinsamkeit auf. Und da beginnen dann die Probleme. Jedesmal, wenn
es mir gelungen ist, in Kontakt mit jemandem zu treten und irgend etwas in mir Befriedigung zu verschaffen, dann lege ich
auch schon wieder die Saat für Unzufriedenheit. Ich habe eine

Grenze überschritten, und mir wird klar, daß meine Möglichkeiten noch weiter reichen.

Die Vernunft muß irgendwo in der feinen Ausbalancierung zwischen dem Bedürfnis, Energien in selbstgewählten Grenzen zu binden, und dem Bedürfnis, über die Grenzen unseres Wissens und unserer Sicherheit hinauszusteigen, liegen. Wie würden Sie unter diesem Aspekt ein reifes Sexualleben beschreiben? Welche Mischung von Beherrschung und intensivem Ausleben scheint die größtmögliche sexuelle Befriedigung zu verschaffen?

Die Sexualität, so glaube ich, unterliegt einer ständigen Entwicklung im Leben eines Menschen. Was gut für ihn ist, hängt davon ab, an welchem Lebenspunkt er sich gerade befindet. Einige Menschen können Sex im Überfluß haben, aber sie sind trotzdem nicht in der Lage, ihre Sexualität mit ihrem Eros oder dem Rest ihrer Person zu verbinden. Reife Sexualität bedeutet, daß man in Harmonie mit seinem Sexualleben und seinen Sexualwünschen in der jeweiligen Periode des Lebens ist und daß man sich bewußt ist, daß es Änderungen (anderes Verhalten, andere Wünsche) geben wird.

Glauben Sie, daß die »sexuelle Revolution« uns einer solchen sexuellen Reife irgendwie näher gebracht hat? Oder stellt sie nur eine neue repressive Orthodoxie dar, in der Freiheit Häufigkeit sexueller Episoden und Beziehungslosigkeit heißt?

Die sexuelle Revolution war wie die meisten Revolutionen notwendig und exzessiv. Sie zerstörte das lebensfremde Ideal, daß es nur eine richtige Art und Weise gebe, sexuellen Verkehr zu haben (in der Missionarsstellung in einer monogamen Ehe). Und sie gab den Menschen die Möglichkeit, alles auszuprobieren, alle ihre Wünsche auszuleben und gegen die sexuellen Ideale und Verhaltensmuster ihrer Väter und Mütter aufzustehen. Warum sollen die Menschen das, was sie mögen, nicht auch tun, ob sie nun in Monogamie leben oder mit 200 verschiedenen Partnern ins Bett gehen wollen? Aber ich glaube nicht, daß man jedes sexuelle Verhalten als reif bezeichnen kann. Wenn sich jemand dieser Reife nähert, wird sexuelle Stimulation zweitrangig. Ein vertieftes Gefühlsleben wird dann der bestimmende Faktor des Sexuallebens. Und damit das Fühlen sich entwickeln kann, muß die sexuelle Erregung etwas im Zaum gehalten werden. Meine Erfahrung sagt mir, daß ich keine tiefe Befriedigung in einer Beziehung erreiche, es sei denn, ich mag meinen Partner, und die Beziehung weist viel Beständigkeit auf. Die Fähigkeit, mich meinen Gefühlen zu stellen und sie nicht als etwas zu betrachten, das man unterdrücken muß, schafft in mir eine Art von Erwartung, eine Begierde nach der tiefsten möglichen Erfüllung. Verweigerung und Beherrschung sind selbst lustvolle Situationen, wenn sich dadurch meine Gefühle vertiefen. Sogar Charles Lamb hat von der »Ekstase der Keuschheit« gewußt. Ich bin der Meinung, man soll sexuellem Erleben Raum geben, damit es in ein reifes Gefühlsleben überleiten kann.

Der starke Moralismus und Romantizismus, der mit Sexualität verbunden ist, hat doch auch eine entgegengesetzte Art von Problemen geschaffen. Einige Menschen haben ein tiefes Gefühlsleben, sie sind ihren Erregungen nicht ausgeliefert, sie lieben, aber können sich sexuell nicht ausleben. Sexualität und Eros zusammenzubringen ist nicht einfach. Gehen Sie unterschiedliche therapeutische Wege bei denen, die sich zu sehr ausleben, und bei denen, die sich zu sehr beherrschen?

Wenn jemand sich zwanghaft abreagieren muß, wann immer Erregung spürbar wird, dann rate ich ihm, Bewegungen zu verlangsamen. Halte ein, tu nichts! Atme tief durch, und laß die Erregung in dir wachsen! Laß sie sich abklären und in Gefühl aufgehen! Wenn sich Gefühle in einer solchen Situation entwickeln, wächst auch die Angst, und mit ihr wachsen schmerzhafte, ekstatische Erinnerungen an die eigene Kindheit. Wenn man sich dieser Angst stellt, lernt man, herzlicheren Gefühlen Raum zu geben. Wenn jemand in der Lage ist, tief zu empfinden, aber in seiner sexuellen Ausdrucksfähigkeit gehemmt ist, fordere ich ihn auf, sexuelle Bewegungen mit dem Unterkörper zu machen. Ich mache ihm Mut, sich zu bewegen, sich auszudrücken, zu handeln, sich zu behaupten. Oder ich verstärke bei ihm die Bereitschaft, zarte Empfindungen aufkommen zu lassen und sanfte Vorwärtsbewegungen zu anderen Menschen hin zu machen.

Stanley Keleman ist Dichter, Maler, Bildhauer, Schriftsteller, Therapeut – eine für den »akademischen Geschmack« sicher nicht unbedingt werbewirksame Vorstellung.

Kommt hinzu, daß er ein *College drop-out* ist: Keine lange Liste akademischer Grade kann die Bedeutung dessen, was er sagt, von vornherein unterstreichen.

Keleman gilt in Kalifornien als einer der effektivsten Therapeuten der Bioenergetik-Bewegung. Er hat bei Alexander Lowen gearbeitet, der die Orgon-Theorie Wilhelm Reichs zu einem therapeutischen System ausgearbeitet hat. Der Begriff »Bioenergetik« wurde von Lowen geprägt.

Keleman hat sich auf seine therapeutische Arbeit durch Aufenthalte am Therapiezentrum Karlfried Graf Dürckheims in Todtmoos im Schwarzwald »zur Vertiefung seiner geistigen, psychologischen und metaphysischen Voraussetzungen« (Dürckheim) vorbereitet. (Dürckheim hat japanische Zen-Techniken in Deutschland bekannt gemacht.) Keleman wurde weiter beeinflußt von Ida Rolfs, die das »Rolfing« – eine sehr intensive Form der Massage zur »strukturellen Integration« – entwickelt hat.

Stanley Keleman arbeitet häufig am Esalen Institute, dem Tempel des Human Potential Movement, wo der Mensch mit seinen Mitmenschen (Gruppentherapien), mit sich selbst (Individualitätstherapien) und mit seinem Körper ausgesöhnt werden soll.

Wenn Erregung wächst, beschäftigen wir uns mit den dabei entstehenden Ängsten, die einer Vereinigung von Sex und Eros im Wege stehen.

Ihre Ansicht von Reife, sexueller und anderer, verlangt also, daß der Mensch beides kann, sich beherrschen und sich hingeben.

Den Spruch, der aus der Sensitivitätsbewegung oder aus der Gestalttherapie kam und der lautet, daß wir »unseren Verstand verlieren müssen, um unsere Sinne zu finden«, kaufe ich nicht ab. Dahinter steckt eine Mystifizierung der Unschuld: Alles, was wir zu tun brauchen, ist, uns passiv unseren Erfahrungen hinzugeben, alles fließen zu lassen, aufzugehen in dem, was bereits passiert. Die Fähigkeit des Menschen zu handeln bleibt dabei völlig unberücksichtigt. Wir müssen uns vor Augen halten: Wir sind Akteure auf der Dramabühne des Lebens, auf der weitergespielt wird.

Ich entnehme Ihren Worten, daß Sie gegen die Rezeption fernöstlicher Mystik sind, die uns dazu ermuntert, unser Ich sterben zu lassen, die Illusion aufzugeben, Individualität zu erlangen, und aufzugehen in der Einheit.

All dieses Zeug ist meiner Meinung nach gefährlich und irreführend. Schauen Sie, ein kosmisches Wesen zu sein, in der Einheit zu versinken, ist doch eine einfache Sache: Wir werden als kosmische Wesen geboren. Wenn wir aus dem Schoß der Mutter kommen, stehen wir in enger Berührung mit dem universalen, kosmischen Leben. Aber wir haben wenig Individualität in diesem Moment. Der Prozeß, von sich selbst Besitz zu ergreifen, sich zu seiner eigenen Menschlichkeit zu bekennen, verlangt, daß man sich in dem, was man ist, bestätigt. Man muß in gewisser Weise dem Universalen den Rücken zukehren, wenn man das Recht, ein Mensch zu sein, erlangen möchte. Und jeder, der sich weigert, ein Individuum zu werden, ist eine Schande vor Gott oder im Angesicht des kosmischen Prozesses, denn er betreibt Gottes Geschäfte und nicht seine eigenen. Er verfehlt den Sinn des Geborenseins. Die Geburt allein heißt doch schon Inkarnation. Sie allein bedeutet doch schon, daß man nein zu einer kosmologischen Existenz, zu einem Leben in polymorpher Perversität, zu einem Leben ohne Grenzen und Bindungen gesagt hat. Einer meiner Lehrer hat mich etwas Wichtiges gelehrt: »Dein Ich wirst du niemals abtöten. Du wirst immer nur feststellen, daß es in einem noch größeren Hause wohnt, als du gemeint hast.« Wahre religiöse Bestätigung ist in unserer Selbstbestätigung enthalten.

Sie betonen das Lustsystem, Erdhaftigkeit, Ver-Körperung (embodiment) innerhalb einer gewählten Lebensart – das alles scheint ein mystisches Element in sich zu haben, ist aber doch damit befaßt, »ins Fleisch zurückzukehren«, und nicht damit, den Körper zu verlassen, seine Grenzen zu transzendieren. Was Sie sagen, ähnelt mehr D. H. Lawrence als Plotin.

Wenn wir lernen, uns mehr der Freude hinzugeben, scheint uns die Welt anders auszusehen als in jenen Tagen, da wir in Streßsituationen gefangen waren. Sie ist offener und freundlicher geworden. Die Dinge ändern sich, analytisches Denken ist auf dem Rückzug, intuitive, rezeptive Lebensweisen sind auf dem Vormarsch. Plötzlich bietet die Welt wieder Raum. Sie ist nicht mehr so völlig vorstrukturiert wie die Welt eines Paranoiden.

Sehen Sie schon eine Zeit am Horizont heraufdämmern, in der die Politik wirklich dem Menschen dient?

Gegenwärtig ist der politische Bereich von der Vorstellung geprägt, wir müßten einen Kampf um das wirtschaftliche Überleben führen. Das Leben des Menschen muß sich diesem »Wert« unterordnen. Unser Leben wird weiter von dem Mythos »Keine Arbeit – kein Essen« bestimmt. Wenn du dir keinen Zwang antust und den Schmerz solcher Zwänge nicht aushältst, dann hast du auch kein Recht auf Vergnügen. Aber in Wirklichkeit sind wir doch aus der Menschheitsperiode heraus, in der jeder jedem den Schädel einschlug. Wir müssen doch nicht länger nach einer Ethik des bloßen Überlebens unser Leben gestalten. Die politischen Dinge werden sich ändern, wenn die Erkenntnis wächst, daß wir uns mitten in einem radikalen Umbruch unseres Menschenbildes befinden. In der Vergangenheit war das Hauptanliegen der Menschen, Macht zu gewinnen. Macht bedeutete Überleben. Derjenige, der zuerst den Knüppel vom Boden aufhob, um jemand anderen zu schlagen, übte Macht aus. Später besaß derjenige die größte Macht, der die Spannung des Augenblicks am besten ertragen konnte und erst im günstigsten Moment zugeschlagen hat. Ich glaube, diese Analyse trifft auch auf den sexuellen »Machtbereich« zu. Noch später dann wurde Macht durch Fähigkeiten, auf Belohnung zu warten, bei einer Sache zu bleiben, die Umwelt zu beherrschen, ausgeübt. Aber das Streben nach Macht hat den Menschen sich selbst entfremdet. Diese Einsicht von Karl Marx hat Wilhelm Reich aufgegriffen. Er begriff, daß Machtbesessenheit zu Ausbeutung und dazu führt, daß der Mensch die Quellen seiner Lust verstopft. Wirtschaftliche und sexuelle Ausbeutung gehen Hand in Hand.

Schauen wir zurück: Das Hervorbrechen der Neuen Linken in den 60er Jahren ist durch den Wunsch nach einem lustbetonteren Gesellschaftssystem motiviert gewesen. Aber ihr fehlte das Standvermögen. Es war Stimulation ohne die gewisse notwendige Selbstkontrolle.

Ich glaube, neue Politik wird sich dann ergeben, wenn die Regierungen den Auftrag bekommen, Vergnügen anstelle von Macht auszuteilen. Die Neue Linke hat ihr Ziel nicht erreicht, weil die Radikalen in dieser Bewegung dem Körper keinen Respekt gezollt haben. LSD-Trips, Kommunen, ihr Sexualleben war beleidigend für ihre Körper.

Vielleicht werden wir es noch erleben, daß jemand sich um das Präsidentenamt der Vereinigten Staaten mit dem Slogan bewirbt: »Alle Lust dem Volke.«

(Mit Stanley Keleman sprach Sam Keen)

STANLEY MILGRAM

»Warum gibt es Leute, die lieber in einem brennenden Gebäude sterben, als ohne Hose auf die Straße zu rennen?«

Die Mehrheit der Menschheit wird in Städten leben – die vielbeschworene »Massengesellschaft« zeigt immer deutlicher ihre Schattenseiten. Welche psychologischen Probleme sich im Stadtleben stellen, wie Anonymität, Aggression und Konformität den einzelnen beeinflussen, das sind Forschungsthemen des Sozialpsychologen Stanley Milgram. Von ihm stammt das wohl bekannteste Experiment der neueren Psychologie: das Gehorsamsexperiment, bei dem Versuchspersonen anderen Menschen extreme Schmerzen zufügen, wenn sie durch einen Befehl gedeckt sind.

Ein großer Teil Ihrer wissenschaftlichen Arbeit gilt der Frage: Wie sieht das Leben in den großen Städten aus? Sie destillieren jene so schwer greifbaren Merkmale heraus, die das Leben in der Großstadt Oslo vom Leben in der Großstadt Paris, das Leben in Topeka vom Leben in Denver und eine Existenz in New York von einer Existenz irgendwo sonst in der Welt unterscheiden. Auf welche Weise kommen Sie zu Ihren Kriterien?

Man muß zuallererst einmal die Augen offenhalten. Zu Generalisierungen kommt man auf der Grundlage von zahllosen ganz spezifischen Ereignissen. Wir versuchen herauszufinden, ob bestimmte wiederkehrende Ereignisse ein klar abgrenzbares Muster ergeben. Wir suchen nach einem tieferen Zusammenhang für die Myriaden von Erscheinungen auf der Oberfläche einer Stadt. Wir verallgemeinern auf der Grundlage der eigenen Erfahrung und formulieren eine Arbeitshypothese.

Dann beginnt man zu systematisieren. Man befragt Einwohner einer Stadt, was in ihren Augen ein bestimmtes städtisches Erscheinungsbild ausmacht. Diese Aussagen werden verglichen, um zu sehen, ob irgendwelche Meinungsmuster aus ihnen herausschauen. Wenn man zum Beispiel Amerikaner danach fragt, was ihnen typisch am Leben in London erscheint, dann stehen im Mittelpunkt all der Aussagen häufig Bemerkungen über die urbane Umgänglichkeit der Londoner. Typische Bemerkungen über New York enthalten Aussagen über das Lebenstempo und die Mannigfaltigkeit dieser Stadt.

Der Psychologe, der diese Beobachtungen sammelt, unterscheidet sich nun vom Romanautor oder Reiseschriftsteller dadurch, daß er diese Charakteristika – Tempo, Umgänglichkeit, Mannigfaltigkeit – mit der Wirklichkeit vergleicht und prüft, wie diese Wirklichkeit sich von einer Stadt zur anderen unterscheidet. Darin liegt der spezielle Beitrag der Sozialpsychologie zu der Geschichte der Reiseberichte: Sie erfaßt eine bestimmte Atmosphäre durch Maßzahlen.

An welchen Aspekten städtischen Lebens sind Sie in jüngster Zeit besonders interessiert gewesen?

Seit Jahren fahre ich mit der U-Bahn zur Arbeit. Eines Tages ging mir auf, daß auf meinem Einsteigbahnhof Menschen mit mir jeden Morgen auf den Zug warten, die ich nun schon seit Jahren gesehen, mit denen ich aber nie ein Wort gewechselt habe; Menschen, die man am besten mit »bekannte Unbekannte« bezeichnen kann. Ich spürte, daß eine solche Situation – Menschen sehen Menschen nicht als Individuen, sondern als Gegenstände ihrer täglichen Umwelt an – eine besondere Spannung erzeugt. So etwas passiert ja jeden Tag. Es bleibt etwas zurück, was einen unangenehm berührt, besonders dann, wenn nur zwei dieser sich gegenseitig »bekannten Unbekannten« ein Weilchen allein miteinander sind. Zwischen ihnen liegt ein Schlagbaum, unter dem man nicht leicht zueinander hindurchkommen kann.

Wie schaffen Sie es, das Phänomen des »bekannten Unbekannten« wissenschaftlich zu erforschen?

Studenten aus meinem Forschungsseminar schossen Fotos von wartenden U-Bahn-Fahrgästen auf einem bestimmten Bahnhof. Sie machten Abzüge von diesen Bildern, numerierten die einzelnen Personen und verteilten dann diese Gruppenfotos eine Woche später an alle Fahrgäste, die bei dieser Station einstiegen. Auf einem Beiblatt baten wir sie, im einzelnen aufzuführen, mit welchen von den abgebildeten Personen sie so gut bekannt sind, daß sie mit ihnen sprechen, welche ihnen nur vom Aussehen her bekannt sind und welche sie gar nicht identifizieren können. Die ausgefüllten Fragebogen sammelten wir dann an einer bestimmten Station wieder ein. Nun: Wir fanden heraus, daß die Fahrgäste im Durchschnitt 4,5 Personen identifizieren konnten und daß sie von diesen Personen bestimmte Vorstellungen hatten. Im Soziogramm dieser Gruppe von »bekannten Unbekannten« gab es darüber hinaus wahre Stars. 80 Prozent der Befragten erkannten auf den Fotos eine bestimmte Person wieder, obwohl nur wenige von ihnen jemals mit ihr ein Wort gewechselt hatten. Diese Person – eine Frau – war von ihrem Erscheinungsbild her so etwas wie der optische Anziehungspunkt der Fahrgasttruppe, wohl dadurch, daß sie auch in der kältesten Jahreszeit einen Minirock trug.

Wie unterscheidet sich unser Verhalten gegenüber »bekannten Unbekannten« von dem zu völlig Fremden?

Das Phänomen des »bekannten Unbekannten« beinhaltet nicht das Fehlen einer Beziehung, sondern es stellt eine Art erstarrter, eingefrorener Beziehung dar. Wenn man zum Beispiel ein ganz alltägliches Anliegen hat, etwa die Zeit wissen möchte, würde man eher einen völlig fremden Menschen ansprechen als eine Person, die man seit Jahren schon wahrgenommen hat, mit der man aber noch nie gesprochen hat. Beide dieser »bekannten Unbekannten« sind sich dessen bewußt, daß es zwischen ihnen bereits eine Routine des »Nicht-miteinander-Kommunizierens« gibt. Beide haben dies als Normalzustand akzeptiert. Die Beziehung zwischen »bekannten Unbekannten« weist aber latente Qualitätsmerkmale auf, die sich in bestimmten Situationen offen zeigen. Folgender Fall, der mir erzählt wurde, illustriert das: Eine Frau fällt vor dem Eingang zu ihrem Wohnblock in Ohnmacht. Ihre Nachbarin, die sie seit 17 Jahren, ohne miteinander gesprochen zu haben, kennt, bemüht sich sofort um sie. Diese Nachbarin empfindet in diesem Moment eine besondere Verantwortung für das Schicksal der Frau. Sie ruft den Krankenwagen und begleitet die Frau sogar ins Krankenhaus. Die Wahrscheinlichkeit, daß man mit einem »bekannten Unbekannten« ins Gespräch kommt, wächst, wenn man sich irgendwo anders als dort, wo man sich immer trifft, begegnet. Wenn ich durch Paris spazieren würde und plötzlich läuft mir einer von meinen Fahrgast-Kollegen aus Riverdale über den Weg, würden wir uns ohne Zweifel wohl zum erstenmal »Guten Tag« sagen.

Die Tatsache, daß »bekannte Unbekannte« in Krisenzeiten oder bei plötzlichen Notfällen häufig miteinander sprechen, drängt die interessante Frage auf: Gibt es irgendeinen Weg, um die Solidarität zwischen Menschen zu fördern, ohne daß es dafür des Anlasses von Krisen oder Notsituationen bedarf?

Um das Phänomen des »bekannten Unbekannten« zu studieren, haben Ihre Studenten einen bestimmten Personenkreis, die Fahrgäste einer U-Bahn, direkt angesprochen. Ist diese Art von Informationssammlung typisch für Ihre Art, Forschung zu betreiben?

Die Untersuchungsmethoden müssen immer dem Forschungsgegenstand angepaßt werden. Wir können nicht alle Lebenssituationen im Labor nachstellen. Man muß oft raus aus seinem Forschungszimmer, damit man den wirklichen Fragen über den Weg läuft. Man braucht ja keine Genehmigung, um jemandem eine Frage zu stellen. Meine Art, Forschung zu betreiben, zielt darauf, jene gesellschaftlichen Zwänge sichtbar zu machen, die uns, ohne daß wir es merken, beeinflussen.

Experimente, wie ich sie betreibe, haben etwas sehr Griffiges an sich. Einsichten werden profunder, wenn man Menschen direkt, in ihrem alltäglichen Verhalten, beobachtet. Das Ganze ist doch eine Frage, wie man Problemstellungen auf eine Ebene bringen kann, daß sich alle Facetten zeigen; wie man Prozesse sichtbar machen kann. Vorgänge des menschlichen Miteinanders sind sehr komplex. Wir alle sind zerbrechliche Kreaturen, ins Netz gesellschaftlicher Zwänge eingesponnen. Experimente stellen oft den Sonnenstrahl dar, der hilft, die trübe Sicht der persönlichen Erfahrung aufzuhellen. Ich glaube, daß gleich unter der Alltagsoberfläche die Büchse der Pandora, die Erkenntnis verheißt, liegt. Es lohnt sich, das näher anzusehen und in Frage zu stellen, was als selbstverständlich gilt. Man ist oft überrascht, was man da alles findet.

Zum Beispiel?

Wir haben uns jüngst einmal das U-Bahn-Fahren angeschaut – eine für unser Leben so charakteristische Sache. Wenn man bedenkt, daß im Berufsverkehr vollkommen fremde Menschen in überhitzten, lärmerfüllten Zügen nebeneinandergedrängt, pausenlos geschubst und gestoßen werden, so ist es eigentlich erstaunlich, wie wenig Aggression in dieser Situation entsteht. Das U-Bahn-Fahren stellt eine bemerkenswert geordnete Situation dar, und wir haben versucht, die stillen Übereinkünfte herauszufinden, die eine solche Situation regulieren. Um in dieses Problem am besten einzusteigen, müssen wir mit ganz einfachen Fragen beginnen. Tiefer gehende Arbeitshypothesen setzen bereits viele Annahmen über Zusammenhänge voraus, die man ja erst erhellen will.

Was machen Sie also?

Ich schlug meinen Studenten vor, daß wir alle beim U-Bahn-Fahren einmal auf irgendeinen Fahrgast zugehen und ihn einfach um seinen Sitzplatz bitten. Die spontane Reaktion der Studenten war genauso wie Ihre – Gelächter. Aber solch ein nervöses Lachen ist oft ein Hinweis darauf, daß man auf eine wichtige Spur gestoßen ist. Viele Studenten glaubten, daß niemand in New York einen Sitzplatz räumen würde einfach nur, weil ein fremder Mensch ihn darum bittet. Und auch eine zweite Äußerung, die meine Studenten machten, zeigte ihre Vorurteile auf. Sie meinten nämlich, daß der Bittsteller seine Bitte werde begründen müssen, indem er Krankheit, Übelkeit oder Schwindelgefühl vorschützt; sie nahmen also an, daß eine Bitte allein keinen Sitzplatz einbringen würde. Ein dritter Hinweis darauf, daß das Experiment – so einfach es angelegt war – zu interessanten Ergebnissen führen würde: Ich bat um Freiwillige für diese Aufgabe, aber alle schreckten zurück. Darin zeigt sich viel. Schließlich wurde von den Studenten ja nur verlangt, daß sie jemandem eine belanglose Bitte stellen. Warum war diese Aufgabe so furchterregend? Mit anderen Worten, allein das Formulieren einer Frage für eine Untersuchung erzeugte bereits gefühlsmäßige Hinweise auf die Antwort. Schließlich fand sich eine tapfere Seele, Ira Goodman, der die heroische Aufgabe übernahm. Begleitet wurde er von einem Studenten, der ihn beobachten sollte. Wir trugen Goodman auf, seine Bitte höflich und ohne eine begründende Vorrede 20 verschiedenen Fahrgästen zu stellen.

Was geschah?

Innerhalb einer Woche begannen Gerüchte die Runde innerhalb des Seminars zu machen: »Sie stehen auf!« Die Neuigkeit rief großes Erstaunen und Freude hervor. Ganze Pilgerzüge von Studenten suchten Goodman auf, so als ob er ein tiefgreifendes Geheimnis vom Überleben in der New Yorker Untergrundbahn aufgedeckt hätte. Und in der nächsten Seminarstunde verkündete Goodman dann, daß ungefähr die Hälfte von denen, die er gefragt hatte, aufgestanden waren, und er brauchte gar keinen Grund für seine Bitte zu geben.

Mir fiel aber eine Unstimmigkeit in Goodmans Bericht auf. Er war nur an 14 statt der erhofften 20 Leute herangetreten. Da er normalerweise sehr gewissenhaft war, fragte ich ihn nach den Gründen. Er sagte: »Ich konnte einfach nicht weitermachen. Es war eine der schwierigsten Sachen, die ich je in meinem Leben gemacht habe.« Lag das nun speziell an Goodman – so mußten wir uns fragen –, oder offenbarte sein Verhalten etwas Tiefgreifenderes über Sozialverhalten im allgemeinen? Es gab nur eine Weise, das herauszufinden. Jeder von uns mußte Goodmans Experiment wiederholen. Und weder ich noch mein Kollege, Professor Erwin Katz, waren davon ausgenommen.

Offen gesprochen: Trotz Goodmans erster Erfahrung nahm ich an, daß die Sache leicht zu erledigen sein würde. Ich ging also in meiner U-Bahn auf einen Fahrgast, der einen Sitzplatz hatte, zu und wollte meine magischen Worte loswerden. Aber sie blieben mir in der Kehle stecken, ich brachte sie einfach nicht heraus. Ich stand wie erstarrt da und zog mich dann wieder zurück, ohne die Mission erfüllt zu haben. Mein studentischer Beobachter drängte mich, es noch einmal zu versuchen, aber ich wurde erdrückt von lähmender Hemmung. Ich schalt mich: »Was für ein Feigling bist du eigentlich? Du hast einem Studenten den Auftrag gegeben, dies zu tun. Wie kannst du denn vor ihre Augen treten, ohne es selbst gemacht zu haben?« Schließlich, nach vielen erfolglosen Ansätzen, trat ich auf einen Fahrgast zu und preßte die Bitte heraus: »Entschuldigen Sie, mein Herr, dürfte ich Ihren Sitzplatz haben?« Einen Moment lang hatte ich das panische Gefühl, ich löste mich auf. Der Mann hingegen stand ohne weiteres auf und gab mir seinen Sitzplatz. Aber mir wurde noch ein zweiter Schlag ausgeteilt. Als ich mich auf den Platz des Mannes gesetzt hatte, drängte alles in mir, mich so zu verhalten, daß meine Bitte verständlich erscheinen würde. Mein Kopf sank nach vorne über, und ich spürte, wie mein Gesicht bleich wurde. Ich spielte das nicht in diesem Moment. Ich fühlte mich so, als ob ich jeden Moment sterben würde. Dann machte ich eine dritte Entdeckung: Sobald ich auf dem nächsten Bahnhof diese U-Bahn verlassen hatte, war alle Spannung verflogen.

Welches Verhaltensprinzip wurde durch dieses Experiment bloßgelegt?

Zuerst einmal machte es die überaus große Angsthemmung deutlich, die uns normalerweise davon zurückhält, Verhaltensnormen zu brechen. Jemand um einen Sitzplatz zu bitten ist ja eine unbedeutende Sache, aber es war extrem schwierig, diese Bitte tatsächlich auszusprechen. Zweitens hob es den mächtigen Zwang heraus, eine Bitte zu begründen, in diesem Falle also krank oder abgekämpft zu erscheinen. Ich muß betonen, daß dieses Verhalten keine Schauspielerei ist, sondern daß es der Logik der sozialen Beziehungen folgt. Schließlich zeigt die Tatsache, daß alle diese intensiven Gefühle in einer bestimmten Situation eingeschlossen und auch auf sie begrenzt waren, welche Wirkung die jeweiligen Umstände auf Gefühl und Verhalten haben. In dem Moment, in dem ich die Bahn verlassen hatte, fühlte ich mich wieder völlig normal.

Ihre Verhaltensreaktion ist auch typisch für die Versuchspersonen in dem Gehorsamsexperiment. Viele von ihnen fühlten sich ja verpflichtet, den Befehlen des Experimentleiters zu folgen und einem unschuldigen Opfer einen Elektroschock zu versetzen, obwohl sie große Angst davor hatten.

Ja. Die U-Bahn-Erfahrung hat mein Verständnis dafür vergrößert, warum einige Versuchspersonen so bedingungslos gehorchten. Ich erfuhr an mir dieselbe Angst, die sie auch fühlten, als sie sich überlegten, ob sie die Wünsche des Versuchsleiters nicht zurückweisen sollten. Diese Angst stellt eine mächtige Hürde dar, die erst einmal übersprungen werden muß, egal ob das eigene Handeln folgenreich ist – man verweigert einer Autorität den Gehorsam – oder trivial – man bittet um einen Sitzplatz in der U-Bahn.

Wissen Sie, daß es Leute gibt, die lieber in einem brennenden Gebäude sterben, als ohne Hose auf die Straße zu rennen? Verlegenheit und die Angst davor, sogar unbedeutende Normen zu verletzen, bringen uns oft in ein Dilemma, das wir glauben nicht aushalten zu können. Und diese Vorgänge sind nicht irgendwelche unbedeutenden Regulationskräfte des Sozialverhaltens, sondern grundsätzliche.

Es scheint mir jedoch, daß solche Experimente nichts über das hinaus erbringen, was man durch unvoreingenommene Wahrnehmung oder Einfühlung auch erfahren könnte, obwohl die Experimente natürlich recht unterhaltsam sind. Einige Leute kritisierten Ihre Gehorsamsexperimente mit der Bemerkung: Das Ergebnis kannte ich schon vorher. Schließlich dokumentieren Jahrhunderte menschlicher Geschichte deutlich genug die Exzesse, die das Befolgen von Befehlen zeitigt. Was für einen Vorteil bringt dann ein Experiment, das nur die Geschichte bestätigt?

Die Aufgabe des Gehorsamsexperiments war es nicht, Geschichte zu bestätigen oder zu widerlegen. Sondern wir wollten die psychologische Funktion von Gehorsam erhellen. Die Bedingungen also, unter denen Gehorsam auftaucht, die Verteidigungsmechanismen, die zwangsläufig folgen, die gefühlsmäßigen Kräfte, die eine Person dazu treiben, zu gehorchen. Die Kritik, die Sie da zitieren, ist so, als ob Sie sagen würden: Wir wissen, daß Leute an Krebs sterben, warum sollten wir uns also mit dieser Tatsache beschäftigen. Weiter ist es für die Menschen sehr schwer, das, was sie wirklich wissen, von dem zu trennen, was sie glauben zu wissen. Wie wenig wir über Gehorsam wissen, zeigte sich am klarsten, als wir Psychiater, Psychologen und andere baten, vorauszusagen, wie sich die Versuchspersonen in dem Experiment verhalten würden. Alle Voraussagen gingen total daneben. Die Psychiater glaubten z. B., daß nur eine von 1000 Personen den stärksten Elektroschock austeilen würde. Das war eine falsche Voraussage mit dem Faktor 500.

Wenn Sie glauben, daß es leicht ist, gesellschaftliche Zwänge zu verletzen, dann gehen Sie doch einmal in einen Bus und fangen an laut zu singen, aber wirklich aus voller Kehle und nicht nur leise summen. Viele Leute werden sagen, das ist ja sehr leicht. Aber nicht einer von 100 wird in der Lage sein, das auch wirklich zu tun. Der entscheidende Punkt ist nämlich, nicht darüber nachzudenken, ob man singen würde, sondern es wirklich zu tun. Hier in einer persönlichen Handlung kann man sich umfassend aller Handlungskräfte bewußt werden, die das Sozialverhalten bestimmen. Aus diesem Grund glaube ich an tatsächliche Experimente.

Wir müssen uns fragen, ob die Menschen wirklich aus der Geschichte lernen. Ist es nicht immer der andere, der sich schamlos der Autorität beugt, sogar wo das elementarste Moralverhalten verletzt wird? Ich glaube, die meisten Menschen akzeptieren nur schwer die Tatsache, daß sie selbst das Potential in sich haben, sich ohne Grenzen einer Autorität zu unterwerfen. Alle pädagogischen Mittel, die zu unserer Verfügung stehen, ob es sich um Geschichte, Literatur oder Experimente handelt, müssen herangezogen werden, um das Bewußtsein für diese Angelegenheit zu erweitern.

Schließlich, wenn die Experimente kritisiert werden, weil sie einfach nur die Geschichte bestätigen, so gibt es auch eine gleich wortstarke Gruppe, die mit aller Macht bestreitet, daß Amerikaner überhaupt zu jenem Grad von Kadavergehorsam fähig sind, der in meinem Experiment demonstriert wird. Folglich erkennen sie mich und das Experiment auch nicht an. Ich schlage vor, daß man mein Buch liest und seine eigenen Schlußfolgerungen daraus zieht.

Ihre Arbeiten zur Frage des Gehorsams und Ihre Arbeiten zur Situation in der Großstadt beschäftigen sich beide mit dem Netz der Verhaltensregeln, das uns einschließt. Welche in jenem Kosmos von Faktoren, aus denen sich die Atmosphäre einer Stadt zusammensetzt, sind nach Ihrer Meinung die wichtigsten?

Ganz bestimmt der Grad der moralischen und sozialen Beziehungen, die die Menschen miteinander haben, und die Art und Weise, in der diese durch die objektiven Umstände des Großstadtlebens begrenzt werden. In einer Großstadt gibt es so viele Leute und es passieren so viele Dinge, mit denen man fertig werden muß, daß man einfach einen großen Teil des möglichen Angebots außer acht lassen muß, um überhaupt vorwärts zu kommen. Wenn Sie auf dem Lande wohnen, können sie allen Personen, denen Sie gelegentlich begegnen, »Guten Tag« sagen. Aber es ist klar, daß man das auf der Fifth Avenue nicht machen kann.

Wir erforschen im Moment zum Beispiel – als ein Kriterium für soziales Engagement (social involvement) – die Zuwendung, die ein Kind, das sich verlaufen hat, in einer großen Stadt und in einem kleinen Ort erfährt. Ein neunjähriges Kind bittet irgendwelche Leute, ihm zu helfen, sein Zuhause wiederzufinden. Die Studenten, die damit befaßt sind, berichten von starken Unterschieden zwischen Großstadtmenschen und

Einwohnern von kleineren Orten: In der Großstadt weigern sich viel mehr Menschen, dem neunjährigen Kind zu helfen. Dieses Problem liegt mir am Herzen, denn es gibt kein bedeutenderes Kriterium für die Lebensqualität einer Kultur als die Art und Weise, in der man Kinder behandelt.

Aber ist es nicht unvermeidbar, daß große Städte unpersönliches Verhalten zu anderen Menschen hervorrufen? In den Straßen der chinesischen Städte gibt es keine Betrunkenen und keine Bettler. Wenn man sie doch finden würde, würde jeder die persönliche Verantwortung spüren, ihnen zu helfen. Zu den moralischen Normen dort gehört es, dem anderen zu helfen, und so muß nicht irgendeine Person den barmherzigen Samariter spielen.

Ich würde ungern eine Stadt wie Peking, in der die Atmosphäre von politischen Doktrinen und Imperativen durchzogen ist, mit einer Stadt unserer westlichen Welt vergleichen. Darüber hinaus aber ist es richtig, daß nicht alle großen Städte sich gleich sind. Aber der allgemeine Trend geht dahin, daß sich alle Städte in ihrer Art gegenseitig angleichen. Das heutige Paris ist New York viel ähnlicher, als es das noch vor 20 Jahren war. Und in 50 Jahren werden sich die beiden Städte noch ähnlicher sehen, in dem Maße nämlich, in dem die Notwendigkeit, sich einem allgemeinen Trend anzupassen, das Lokalkolorit verdrängt. Es wird noch einige kulturelle Unterschiede geben, aber diese werden auch verblassen. Das halte ich für eine höchst unglückliche Sache.

Sie waren gerade ein Jahr in Paris, um die »mental map« dieser Stadt zu erforschen. Was versteht man darunter?

Die »mental map« einer Stadt ist das Bild, das ihre Bewohner von ihr haben: die Straßen, Plätze, Viertel, die wichtig für sie sind, die Art und Weise, in der sie miteinander verbunden sind, ihre Gefühlsstärke, die sich mit jedem dieser einzelnen Elemente verbindet. Den Anstoß zu diesen Untersuchungen habe ich durch das Buch von Kevin Linch »The Image of the City« erhalten. Das Bild einer Stadt ist im Gehirn codiert: Man kann sagen, daß es eine ganze Stadt im Bewußtsein der Leute gibt. Wenn eine Stadt selbst zerstört würde, könnte man sie doch nach jenem Modell von ihr im Bewußtsein der Leute wieder aufbauen.

Was haben Sie über Paris herausgefunden?

Zuerst einmal, daß Wirklichkeit und Vorstellung sich nur ungenau decken. Zum Beispiel macht die Seine einen großen Bogen durch Paris und bildet dabei fast einen Halbkreis. Aber die Pariser glauben, daß der Lauf der Seine viel sanfter geschwungen ist, und einige glauben, daß der Fluß in gerader Linie durch die Stadt fließt. Faszinierend ist auch, ein Schaubild der bekannten und unbekannten Viertel der Stadt zu zeichnen. Es gibt große Gebiete im Osten von Paris, die niemand – außer denen, die da wohnen – kennt. Ältere Leute neigen dazu, den Aufriß eines Paris früherer Jahre im Kopf zu behalten. Und es fällt ihnen sehr schwer, neue Elemente da hineinzunehmen, egal wie groß sie sind.

Haben Leute nicht unterschiedliche »mental maps« von Paris im Kopf, abhängig von ihrer Lebenserfahrung und ihrer wirtschaftlichen Stellung?

Es gibt beides. Eine universelle »geistige Karte« von Paris, die alle Pariser in sich haben, und es gibt spezielle Ansichten, die von der Biographie und von der sozialen Klasse einer Person abhängen. Wir haben mehr als 200 Pariser Bürger interviewt: Arbeiter und Angestellte. Und es gab auffällige Unterschiede von sozialer Klasse zu sozialer Klasse. 63 Prozent der Angestellten zum Beispiel erkannten ein Lichtbild von der Place Furstenberg, eines ungewöhnlichen Platzes, der mit einer Art bürgerlicher Sentimentalität von dieser Gruppe betrachtet wird, wieder. Aber nur 15 Prozent der Arbeiter konnten diesen Platz identifizieren. 84 Prozent der Angestellten konnten den UNESCO-Gebäudekomplex an der Place de Fontenoy identifizieren, aber nur 24 Prozent der Arbeiter. Es gibt also unterschiedliche »geistige Karten« für die verschiedenen sozialen Klassen.

Andererseits erkannten genauso viel Arbeiter wie Angestellte die Place St. Martin. Und Notre-Dame stellt immer noch für jeden den psychologischen Kern der Stadt dar, so, wie es vor 1000 Jahren der Fall war. So haben diese geistigen Karten einer Stadt universelle und personenspezifische Komponenten.

Wofür ist es gut, geistige Landkarten einer Stadt aufzuzeichnen?

Viele Leute treffen wichtige Entscheidungen weniger auf der Grundlage der Realität als auf der Grundlage ihrer Vorstellung von einer Stadt. Das hat man sehr gut an einigen Fällen demonstrieren können. Deshalb ist es für Stadtplaner sehr wichtig, zu wissen, wie eine Stadt in den Köpfen der Leute aussieht. Wäre es nicht sehr aufschlußreich, solche geistigen Karten einer Stadt für das Athen des Perikles oder für London in der Zeit von Dickens zu haben? Unglücklicherweise gab es damals noch keine Sozialpsychologen, die solche Karten hätten systematisch zeichnen können.

Ich würde jetzt gerne ein anderes Gebiet Ihrer Erforschungen unserer Umwelt ansprechen, nämlich die Auswirkungen von Gewalt im Fernsehen. In acht sorgfältig ausgearbeiteten Untersuchungen haben Sie keinen Unterschied feststellen können zwischen Menschen, die Fernsehsendungen mit gemeinschaftsschädigendem Inhalt ansehen, und der Kontrollgruppe. Hat man die Auswirkungen des Fernsehens auf das Verhalten der Menschen überbewertet?

Ich weiß nicht, ob man das überbewertet hat, aber weder ich noch meine Kollegen waren in der Lage, einen Kausalzusammenhang festzustellen. Mein Traumversuch wäre, die Bevölkerung unseres Landes in zwei Hälften zu teilen. Alle Leute westlich des Mississippi würden ein Fernsehprogramm ohne Demonstration von Gewalt zu sehen bekommen, und alle östlich vom Mississippi würden das bisherige Fernsehprogramm bekommen. Wenn man dann noch gesetzlich regeln könnte, daß keiner aus diesen Bereichen in den anderen Bereich hinüberwechseln dürfte, dann könnte man ja in fünf bis zehn Jahren feststellen, welche Auswirkungen sich ergeben haben. Das ist natürlich undurchführbar, und so mußte ich mit dem arbeiten, was mir zur Verfügung steht. Wir unternahmen folgenden Versuch: Wir bauten in ein bestimmtes Fernsehprogramm eine bestimmte gemeinschaftsschädigende Handlung ein. Die Fernsehsender in einigen Gegenden zeigten dieses Programm mit dem neu eingebauten Handlungsabschnitt, die Fernsehsender in einigen anderen Gegenden ohne ihn. Wir schufen auch die Möglichkeit für die Fernsehzuschauer, das gemeinschaftsschädigende Verhalten zu imitieren. Ich dachte auch, daß wir dieses Imitationsverhalten entdecken würden, aber nichts geschah. Man kann halt alles bei einem Experiment kontrollieren, nur nicht das Ergebnis.

Warum verlief das Experiment ergebnislos?

Vielleicht war die gemeinschaftsschädigende Handlung, die wir eingebaut hatten, nicht dramatisch genug. Sie bestand darin, daß jemand Sammelbüchsen aufbrach und das Geld stahl. Vielleicht sind aber auch die Leute mit Gewalt in den Medien so überfüttert worden, daß ein Programm zusätzlich keinen Unterschied macht. Vielleicht gibt es aber auch keine Verbindung zwischen »Zuschauen« und »Handeln«. Dieser Versuch ist, wie die meisten, ein Stückchen eines komplizierten Mosaiks. Eine Untersuchung allein kann nicht die ganze Wahrheit ans Licht bringen. So muß man also sagen: Wir konnten nicht beweisen, daß die Darstellung von Gewalt Gewalt hervorruft. Aber wir konnten diese These auch nicht widerlegen.

Planen Sie weitere Forschungen zum Thema Wirkung des Fernsehens?

Ich weiß nicht. Mir scheint es so zu sein, daß womöglich nicht der Inhalt von Fernsehsendungen, sondern das Medium Fernsehen in seiner spezifischen Form einen wirklichen Affront für das menschliche Empfindungsvermögen darstellt. Ich denke da bei unserem amerikanischen Fernsehen an die ständige Unterbrechung – alle 12 Minuten – von kognitiven Prozessen durch nicht zur Sache gehörendes Material, nämlich Reklame. Ich frage mich, wie das Aufnahmevermögen und das Verständnis von Kindern durch diese ständigen Unterbrechungen gestört wird. Ich glaube, das wird noch eine wichtige Frage werden. Das halte ich für eine wichtige Frage.

Wenden wir uns einmal einer anderen Frage zu. Wie sind Sie überhaupt dazu gekommen, auf dem Gebiet der Psychologie zu arbeiten?

Ich hatte schon früh Interesse an Wissenschaft. Ich war Herausgeber einer Schulzeitschrift, die sich mit naturwissenschaftlichen Fragen beschäftigte. Meine ersten Artikel schrieb ich 1949 über die Auswirkungen von radioaktiver Strahlung auf das Entstehen von Leukämie bei den Überlebenden in Hiroshima und Nagasaki.

Ich habe schon immer Experimente gemacht. Das war für mich so natürlich wie das Atmen, ich versuchte herauszufinden, wie alles funktioniert. Ich verließ das Gebiet der Naturwissenschaften im College und studierte politische Philosophie, Musik und Kunstgeschichte. Aber mir wurde schließlich klar, daß – obwohl mich die Problemstellungen bei Plato, Thomas von Aquin, Hobbes und John Locke interessierten – ich nicht willens war, die Art und Weise zu akzeptieren, wie sie zu ihren Antworten kamen. Mich interessierten menschliche Fragen, auf die man eine Antwort mit objektiven Methoden geben kann.

In den 50er Jahren bot die Ford-Stiftung Anreize dafür, sich mit Verhaltenswissenschaften zu beschäftigen. Da schienen sich mir günstige Gelegenheiten aufzutun, und so wechselte ich zur Sozialpsychologie im Fachbereich Gesellschaftswissenschaften in Harvard. Männer mit ungewöhnlich tiefen Einsichten haben damals dort die Richtung bestimmt. Sie schufen ein Klima, in dem Brillanz und Ideenreichtum unterstützt und ermutigt wurden.

Was sind Ihrer Meinung nach die Vorzüge, die einen kreativen Sozialpsychologen ausmachen?

Das ist schwer zu beantworten. Auf der einen Seite muß er mit Objektivität und Abstand an den Forschungsgegenstand herangehen. Auf der anderen Seite wird er aber nichts entdecken, wenn ihm der Sinn für den Pulsschlag und die Gefühlsinhalte unseres sozialen Miteinanders abgeht. Wissen Sie, die sozialen Beziehungen sind der Zusammenhang, in dem all die gefühlsmäßigen Neigungen stehen, die das Individuum binden, leiten und es unterstützen. Um zu verstehen, warum sich Leute so oder so verhalten, muß man sich all der Probleme bewußt werden, die durch die tagtäglichen Gemeinschaftssituationen, in denen die Menschen stehen, erzeugt werden.

Und darüber hinaus?

Durch die Wahrnehmung dieser Gefühlssituationen können Einsichten entstehen. Diese Einsichten können die Form von erklärten Prinzipien des Sozialverhaltens annehmen. Aber häufiger nehmen sie symbolische Formen an, und das wissenschaftliche Experiment ist dann ein solches Symbol. Ich verstehe das so: Wie das Verständnis des Dramatikers für menschliche Situationen sich durch die Form eines Theaterstücks ausdrückt, so überträgt der kreative Forscher seine Einsichten direkt in die Form eines wissenschaftlichen Experiments. Dies gestattet ihm dann zweierlei: seine durch Intuition gewonnene Einsicht auszudrücken und sie zur gleichen Zeit kritisch zu betrachten.

Gibt es irgendwelche früheren Ideen zu Projekten von Ihnen, von denen Sie heute sagen würden: Hätte ich diese Projekte doch nur ausgeführt?

Eigentlich nur eines. Die Ideen zu diesem Projekt kamen uns im Sommer 1960, als ich mit einigen Freunden darauf kam, menschliche Situationen in Straßentheater-Szenen zu improvisieren. Wir parkten unsere Wagen vor einigen Autobahnrestaurants, spielten irgendeine häufig vorkommende Lebenssituation vor: zum Beispiel daß eine Frau ihren Ehemann mit einer anderen Frau entdeckt und in wilden Beschimpfungen über ihn herfällt. Dies in einer unverständlichen, von uns erfundenen Sprache. Was mich dabei am meisten beeindruckte, war, daß alle Herumstehenden es auffällig vermieden, irgendwie in den Vorfall hineingezogen zu werden, obwohl starke Gefühlsmomente in jeder dieser Situationen lagen. Sogar in Augenblicken, in denen der Ehemann auf die Vorwürfe seiner »Frau« mit Handgreiflichkeiten und Schlägen reagierte, schritt niemand ein.

An meinem Arbeitsplatz in Harvard habe ich mir dann noch einmal das Verhalten der Leute durch den Kopf gehen lassen, und ich schrieb die Anleitung zu einigen Experimenten auf, in denen die Versuchspersonen mit einer Situation konfrontiert werden, in der eine andere Person Hilfe braucht. Unsere Versuchspersonen sollten in einem Warteraum sitzen.

Durch eine geschlossene Tür zu einem Nebenzimmer sollte der Streit zwischen einem Mann und einer Frau zu hören sein. Der Mann sollte schrittweise immer aggressiver werden und die Frau schließlich laut um Hilfe rufen. Ich wollte sehen, in welchem Moment Leute einschreiten und unter welchen Bedingungen. Mit Hilfe eines in der Tür eingebauten Zeitmessers wollte ich prüfen, wieviel Zeit genau verstrich, bevor Leute Hilfe anbieten würden.

Das Problem des unbeteiligten Zuschauers (»bystander problem«) also?

Ja. Zu jener Zeit habe ich es allerdings das Problem der »sozialen Intrusion« genannt. Einen Monat nachdem ich die Pläne für diese Experimente gemacht hatte, fing ich mit meinen Lehrverpflichtungen an der Yale-Universität an, und die Arbeit an den Gehorsamsexperimenten begann. Ich hatte dann keine Zeit mehr, mich auch um das Problem der sozialen Intrusion zu kümmern, aber jedes Jahr gab ich meinen Studenten die feierliche Erklärung ab, daß sie einen wichtigen Beitrag zur Sozialpsychologie leisten würden, wenn sie sich das Problem des unbeteiligten Zuschauers einmal vornehmen würden. Jedes Jahr bekamen in diesem Moment unsere brillantesten Studenten ganz spitze Ohren, und jedes Jahr zog es diese Gruppe dann vor, sich mit Einstellungsmessung zu befassen. Das war damals schick in Yale.

Wann sah man ein, daß man hier einen Fehler machte?

Durch den Mordfall Kitty Genovese, bei dem es 38 Zeugen gab, die unbeteiligt der Szene beiwohnten. Dieser Fall wurde im ganzen Land bekannt, und schließlich versuchten Sozialwissenschaftler, das Problem in wissenschaftlichen Experimenten zu untersuchen. Meine Studenten machten hierzu eine Feldstudie, die aber nie veröffentlicht wurde: Eine scheinbar betrunkene Frau in einem Waschsalon wird handgreiflich gegenüber einer anderen. Diese ruft um Hilfe, und die Frage war nun, wieviel Zeit würde vergehen, bis sie tatsächlich Hilfe bekommt. Dieses Experiment faszinierte unsere Studenten, aber der Zeitgeist holte uns ein. Bald wurden auch andere Versuche dieser Art gemacht. Die beste Arbeit dabei leisteten Bibb

Latané und John M. Darley, die damals an der Columbia-Universität und an der New Yorker Universität unterrichteten. Sie suchten sich die richtigen Variablen aus, setzten sie in Beziehung zu dem Fall der Kitty Genovese, waren erfindungsreich bei der technischen Durchführung der Experimente und veröffentlichten ihre Ergebnisse schließlich noch in gutem Englisch. Völlig zu Recht erhielten sie eine Reihe von Auszeichnungen für diese Arbeit. Und auf dem Gebiet des unbeteiligten Zuschauers blüht die Forschung immer noch.

Waren Sie da nicht ein bißchen traurig?

Zwei Dinge gaben mir doch Befriedigung: Zuerst einmal wurde eine Sache jetzt wissenschaftlich erforscht, die ich als ein sehr wichtiges sozialpsychologisches Problem betrachtet hatte; und schließlich erfüllte sich auch eine Art prophetischer Vorstellung, die wir mit unseren Versuchsexperimenten in ähnlichen Situationen entwickelt hatten. Untersuchungen, die drei Jahre vor dem Fall der Kitty Genovese lagen, die aber den Inhalt einer solchen Situation in mannigfacher Weise bereits vorweggenommen hatten.

Die allgemeine Ansicht ist, daß die Sozialpsychologen ihre Experimente direkt aus dem täglichen Leben nehmen, und da liegt ein wichtiges Stück Wahrheit drin. Aber ebenfalls wahr ist, daß Ereignisse wie der Mord an Kitty Genovese plötzlich Kräfte im menschlichen Verhalten aufdecken, die man in Versuchssituationen bereits bloßgelegt hatte. Hinter jenen billigen Zwischenfällen, die wir vor den Autobahnrestaurants improvisierten, standen wichtige Prinzipien des Sozialverhaltens. Der Genovese-Fall zeigt das Bekanntwerden solcher Verhaltensprinzipien in wirklichen Situationen. So kann wissenschaftliche Analyse, verbunden mit einer gewissen spekulativen Ausformung, häufig Ereignisse um Jahre oder Jahrzehnte bildhaft vorwegnehmen.

Sie haben viele Einfälle. Was passiert eigentlich mit diesen?

Einige dieser Einfälle werden ausgeführt, andere stehen im Raum und regen andere Forscher dazu an, sie auszuführen. Einige werden von Studenten aufgegriffen, und einige verschwinden langsam wieder von der Bildfläche. Leo Szilard hatte sicherlich recht, als er feststellte, daß es nicht die Pläne und Gedanken sind, die einen Wissenschaftler ausmachen, sondern die tatsächlich durchgeführten Projekte. Jeder kreative Wissenschaftler nimmt eine Unzahl von guten Ideen mit ins Grab, die nie so weit verfolgt wurden, daß über sie berichtet wurde.

Wie kamen Sie auf den Einfall mit dem Gehorsamsexperiment?

Ich dachte darüber nach, wie man die Konformitätsexperimente von Asch für den menschlichen Bereich bedeutsamer machen könnte. Ich war unzufrieden damit, daß seine Konformitätstests sich nur auf Aussagen über die Länge von Linien bezogen. Ich fragte mich, ob eine Gruppe eine einzelne Person dazu bringen könnte, eine Tat zu begehen, deren Bedeutung für das menschliche Zusammenleben augenfällig sein würde. Vielleicht dadurch, daß sich aggressives Verhalten gegenüber anderen Personen zeigt, wenn jemand einem anderen Menschen Elektroschocks beibringen soll. Aber damit man die Bedeutung der Gruppe in diesem Fall erforschen konnte, mußte man ein Kontrollexperiment machen. Ich mußte feststellen, wie die Versuchsperson ohne Druck durch die Gruppe reagieren würde. In diesem Moment veränderte sich mein Gedankengang. Ich fragte mich: Wieweit würde eine Versuchsperson die Befehle eines Experimentleiters befolgen? Das war der für mich erleuchtende Augenblick, in dem sich eine allgemeine Anschauung von dem, was Gehorsam ist, mit einem spezifischen technischen Vorgang verband. Innerhalb weniger Minuten hatte ich Dutzende von Einfällen für relevante Variablen, und es gab nur ein Problem: Wie kriegt man all diese möglichst schnell zu Papier?

Aber lange Jahre nachdem ich diese Gehorsamsexperimente durchgeführt hatte, ging mir auf einmal auf, daß mein Interesse an den Problemen der Unterwürfigkeit gegenüber einer Autorität mich bereits beschäftigte, als ich noch Student war.

Wie das?

Zum einen waren die zentralen Anliegen dieses Experiments bereits symbolisch in einer Kurzgeschichte enthalten, die ich mir ausgedacht hatte. Kurz gesagt: diese Geschichte handelte von zwei Männern, die sich einverstanden erklärten, einen Beamten in sein altes, heruntergekommenes Büro zu begleiten. Einem der beiden eröffnete der Beamte, daß er an diesem Tag sterben müsse. Er habe aber die Möglichkeit, zwischen zwei Exekutionsmethoden zu wählen. Dieser Mann protestierte sofort heftig, daß keine der Methoden anständig sei. Und nach vielem Hin und Her gelang es ihm, den Beamten dazu zu überreden, ihn auf eine menschlichere Art und Weise zu töten. Und so geschah es auch.

Die zweite Person jedoch, der man auch eine solche bizarre Eröffnung gemacht hatte, verließ einfach leise den Raum. Sie interessierte nichts. Als der Beamte sah, daß der Mann verschwunden war, schloß er seinen Schalter und war froh, daß er an diesem Tag seine Arbeit früher beenden konnte. Die Geschichte war ziemlich makaber, aber sie gestattete mir Einsichten in gewisse außergewöhnliche Charakterzüge von Sozialverhalten.

Sie enthielt viele Elemente, die später in dem Gehorsamsexperiment wieder auftauchten, besonders in der Art und Weise, wie der erste Mann in der Kurzgeschichte Alternativen gegeneinander abwog, die man ihm vorgesetzt hatte. Er versäumte es, sich Gedanken darüber zu machen, ob die ganze Situation überhaupt rechtmäßig sei. Er verlor sich mit seinen Gedanken in der Abwägung der Möglichkeiten, wie sie ihm der Beamte vorgesetzt hatte, und beschäftigte sich gar nicht mit der wichtigeren Frage, was an der generellen Situation überhaupt richtig und falsch war. Er vergaß die Möglichkeit, daß er auch einfach den Raum verlassen konnte, wie es sein Freund dann machte. Auf dieselbe Art und Weise paßten sich unsere Versuchspersonen in dem Gehorsamsexperiment der Situation an, oder sie versuchten, aus dem Konflikt, in dem sie sich befanden, herauszukommen, indem sie Detailprobleme wälzten. Sie wurden sich des großen Zusammenhangs ihrer Situation nicht bewußt, und folglich kamen sie aus der Situation auch nicht heraus. Die Fähigkeit, große Zusammenhänge zu erkennen, ist genau das, was wir benötigen, um uns selbst zu befreien.

Welche Lösung gibt es denn für das Problem, daß ein sonst anständiger Mensch schuldig wird, weil er »nur Befehle befolgt«?

Stanley Milgram wurde 1933 in New York geboren. Er wuchs während des Zweiten Weltkrieges heran und begann zu einer Zeit mit seinem Psychologiestudium, als die Naziverbrechen jedem Menschen noch frisch in Erinnerung waren. Nach seinem Examen am *Queens College* promovierte Milgram 1960 an der Harvard-Universität, wo er noch einige Jahre als Dozent arbeitete. Anfang der 60er Jahre wechselte er an die Yale-Universität, an der auch sein klassisches Experiment durchgeführt wurde.

In diesem heute berühmten Experiment zum Gehorsam untersuchte Milgram die Frage, wie weit Menschen in ihrer Machtausübung und Bestrafungsbereitschaft gehen können, wenn sie sich durch einen Befehl gedeckt fühlen. Den Versuchspersonen wurde in wissenschaftlicher Nüchternheit gesagt, sie seien Teilnehmer eines Lernversuchs, bei dem eine (vorgebliche) Versuchsperson durch elektrische Schläge bei Fehlern bestraft werden müsse, und zwar auf Befehl des Versuchsleiters durch sie. Natürlich wurden in Wahrheit keine Elektroschocks angewendet, aber festgehalten wurde das Verhalten der eigentlichen Versuchspersonen.

Es zeigte sich, daß unter dem Deckmantel wissenschaftlicher Rationalität auftretende Autorität die meisten Durchschnittsbürger leicht dazu bringen kann, unbekannte und unschuldige Menschen zu foltern und zu quälen.

Stanley Milgram starb 1980.

Die erste Sache, die wir uns klarmachen müssen, ist die, daß es keine leichten Lösungen gibt. Um zu einem menschlichen Miteinander, zu einer Zivilisation zu kommen, muß man Autorität in einem bestimmten Grade haben. Sobald diese Autorität sich etabliert hat, spielt es dann keine große Rolle, ob das System in dem diese Autorität tätig ist, sich Demokratie nennt oder Diktatur: Der Mann auf der Straße begegnet den Maßnahmen der Regierung mit dem von ihm erwarteten Gehorsam, ob im nationalsozialistischen Deutschland oder im demokratischen Amerika.

Glauben Sie nicht, daß es einige Unterschiede gibt im Grad des Gehorsams, den eine Regierung von ihren Staatsbürgern ver-

langt? Oder, besser gesagt, gibt es nicht Grade von Ungehorsam, die die Regierungen tolerieren?

Jede Gesellschaft muß eine Autoritätsstruktur haben. Aber das heißt nicht, daß der Freiheitsbereich in jedem Land derselbe ist. Und es ist natürlich richtig, daß der Mord an Millionen unschuldiger Männer, Frauen und Kinder in den Konzentrationslagern des nationalsozialistischen Deutschlands die schlimmsten Exzesse des Gehorchens gezeigt hat, die wir erlebt haben. Aber die Demokratie in Amerika hat auch Maßnahmen durch den Staat hervorgebracht, die hart und unmenschlich waren: die Ausrottung der Indianer, die Negersklaverei, die Einkerkerung von Japanern im Zweiten Weltkrieg und schließlich Vietnam. Es gibt immer Leute, die gehorchen, die bereit sind, Maßnahmen durchzuführen. Wenn eine Autorität vom rechten Weg abkommt, scheint es so zu sein, daß die einzelnen Menschen nicht genügend Naturkräfte haben, um diesen Gang zu bremsen. Aber das Problem ist sehr kompliziert. Die Beschaffenheit eines Gewissens leitet sich von einer Matrix von Beziehungen zu Autoritäten ab. Moralisches Verhalten leitet sich, genau wie blinder Gehorsam, von Autorität ab. Für jede Person, die eine unmoralische Handlung aufgrund eines Autoritätsverhältnisses begeht, kann man eine andere Person nennen, die aufgrund eines eben solchen Verhältnisses davon zurückgehalten wird, solches zu tun.

Wie schützen wir uns denn nun gegen Übergriffe, die im Namen einer Autorität geschehen?

Zuerst einmal müssen wir uns über das Phänomen der vorbehaltlosen Unterwürfigkeit gegenüber einer Autorität völlig klarwerden. Ich habe versucht, mit meiner Arbeit das Bewußtsein dafür zu stärken. Es ist ein erster Schritt. Zweitens haben wir eine ganz besondere Verpflichtung, Personen in Autoritätspositionen zu bringen, die wahrscheinlich menschlich und weise reagieren, denn wir wissen, daß der Mensch dazu neigt, Befehlen zu gehorchen, sogar, wenn sie von den böswilligsten Autoritäten kommen. Aber auf lange Sicht gibt es auch Gründe für eine hoffnungsvolle Haltung. Die Menschheit ist erfinderisch, und die Vielzahl politischer Herrschaftsformen, die wir in den letzten 5000 Jahren gesehen haben, schöpft sicherlich noch nicht alle Möglichkeiten aus, die es gibt. Die Herausforderung an uns sieht vielleicht so aus: eine gesellschaftliche Struktur zu finden, die das Gewissen in eine bessere Lage setzt, sich gegenüber einer korrumpierten Autorität zu behaupten.

(Mit Stanley Milgram sprach Carol Tavris)

CARL ROGERS

»In einer Encounter-Gruppe lernen die Menschen, daß sie keine Maskerade aufführen müssen«

Carl Rogers ist einer der geistigen Väter der Humanistischen Psychologie. Wie kaum ein anderer hat er die innere Kraft des Individuums in den Mittelpunkt seiner Therapie gestellt: Der Therapeut soll im Grunde nur helfen, daß diese Kraft wirksam wird und der Mensch zu seinem wahren Selbst findet. Eine wichtige Möglichkeit, sich selbst zu erfahren – im Spiegel anderer –, ist die Encounter-Gruppe. Daß sie nicht nur dem einzelnen helfen kann, sondern auch gesellschaftsverändernde Wirkung hat, ist für Rogers erwiesen.

Wir wollen über Gruppen reden – Encounter-Gruppen, Trai-
ningsgruppen, Sensitivity-Gruppen und Gruppentherapie. Das
Gruppenphänomen muß erst noch erforscht und erklärt wer-
den, und ich frage mich, warum die Leute sich zu diesem inten-
siven Gruppenerlebnis hingezogen fühlen … vielleicht deshalb,
weil sie sich in unserer seltsamen Gesellschaft allein gelassen
und entfremdet fühlen?

Natürlich ist das ein Hauptgrund. Von einem sozialen Standpunkt aus waren wir wegen der zunehmenden Vereinsamung
einfach gezwungen, einen Weg zu stärkerer Gemeinsamkeit
zu finden. Ich glaube, daß Encounter-Gruppen die Menschen
näher zusammenbringen, als das in der Vergangenheit jemals
der Fall war, mit Ausnahme vielleicht von Krisensituationen,
wo alle zusammenhielten. Nehmen Sie zum Beispiel eine
Gruppe von Männern während des Krieges, die kennen sich
wirklich in- und auswendig. Und genau so ist es in Gruppen.

Es kommt vor, daß am Ende einer Gruppensitzung jemand
sagt:»Ich kann es einfach nicht glauben, daß ich euch hier besser kennengelernt habe als meine eigene Familie und daß ihr
mich besser kennt, als meine Familie das tut.«

Wir haben einen Weg gefunden, auf dem wir mit erstaunli-
cher Schnelligkeit ein enges Verhältnis zwischen Menschen
entwickeln können. Ich halte die Gruppenarbeit für eines der
wichtigsten sozialen Phänomene. Das wird noch weitgehend
unterschätzt. Encounter-Gruppen – wie immer sie im einzelnen genannt werden mögen – werden zu einer der wichtigsten
Antriebskräfte in der Psychologie.

Eine Menge Leute – Psychologen und Nichtpsychologen –
zweifeln die Nützlichkeit solch enger Kontakte zwischen den
Menschen an. Sie fragen sich, was es bringt, wenn Menschen
sich für eine Woche oder ein Wochenende zusammensetzen,
über ihre innersten Probleme sprechen und dann für immer
auseinander gehen. Sie, Carl, sind wahrscheinlich der Mann,
der auf diese Kritik am besten antworten kann. Sie haben die
Therapieform entwickelt, in der der Therapeut sich wirklich für
seinen Klienten engagieren darf, in der er sich für den Klienten
als Menschen interessiert und innerlich beteiligt ist. Diese
Rogerssche Therapie basiert doch auf Interaktion?

Sie haben zwei kritische Fragen in netter Form gestellt. Was Sie in Frage stellen, ist die Nützlichkeit und die Legitimität des Gruppenerlebnisses. Das intensive Gruppenerlebnis war Anlaß für viel Streit und Geschrei. Es gab Artikel, die in schulmeisterlicher Art darauf hinwiesen, wie gefährlich Encounter-Gruppen seien, daß sie kommunistische Gehirnwäsche-Techniken übernähmen und dergleichen Unsinn mehr.

Ich glaube, daß Sie mehr Leute finden, die von Gruppen begeistert sind. Das ist eine sehr mächtige Strömung. Man kann sich nicht vor einer Entscheidung drücken: Entweder man engagiert sich, und dann wird man vom Gruppenerlebnis verändert, oder aber man lehnt das Ganze völlig ab. Wenn es um die Gruppenerfahrung geht, kann man nicht neutral bleiben.

Lassen Sie uns Encounter-Gruppen von Gruppentherapie im üblichen Sinne abgrenzen.

Es handelt sich wirklich um zwei verschiedene Aspekte. Gruppentherapie ist etwas für Menschen, die leiden, die Probleme haben und Hilfe brauchen. Encounter-Gruppen dagegen sind für die, die normal funktionieren, die aber ihre Fähigkeit zum Zusammenleben mit anderen verbessern wollen. Vor allem unterscheiden sich auch die jeweiligen Rollen der Gruppenleiter: Der eine muß therapeutisch wirken, der andere sollte vor allem Gruppenprozesse in Gang bringen und erleichtern können. Die traditionelle Gruppentherapie mit ihren wöchentlichen Sitzungen über lange Perioden hinweg mag eines Tages durch Intensivsitzungen von einer Woche oder einem Monat Dauer ersetzt werden oder aber auch von Wochenendtreffen. Die intensive Begegnung, wie sie in Encounters die Regel ist, ist auch in Gruppentherapien hilfreich.

Ich bin den Gruppenerfahrungen im Grunde immer skeptisch und möglicherweise auch ängstlich gegenübergestanden. Ich bezweifle den Sinn von Treffen, bei denen Leute zusammenkommen und viel reden und auch viel weinen.

Was ich wissen will, ist dies: Welche Wirkung haben Encounter-Gruppen auf das Alltagsleben der Teilnehmer?

Für diese Wirkung gibt es Hunderte und Tausende von Beispielen. Am häufigsten wird berichtet, daß die Teilnehmer sich gegenüber ihren Familien und Arbeitskollegen anders verhalten als vorher. Lassen Sie mich den Fall einer Schulrätin schildern, der ziemlich typisch ist: Sie erzählte, daß sie sich nach der Gruppenerfahrung anders fühlte als vorher, allerdings war sie nicht darauf vorbereitet, wie schnell ihre Familie auf diese Veränderung reagierte. Ihre Töchter schienen diese Veränderung förmlich zu wittern. Noch am Abend ihrer Rückkehr von der Encounter-Sitzung begann sie, mit ihren Töchtern über wichtige Lebensfragen zu diskutieren.

Ihre beiden Töchter, die eine 14 Jahre alt, die andere zehn, wollten auch von ihr gebadet werden. Es war das erste Mal in vielen Jahren, daß sie eine so enge Beziehung zu ihrer Mutter suchten. Die jüngere Tochter meinte: »Was lehren sie euch bei diesem Treffen? Etwa wie man nett zu seinen Kindern ist?« Die Frau schrieb uns, daß sie geantwortet hat: »Nein, aber ich habe gelernt, ich selbst zu sein, und ich habe gemerkt, daß das etwas ziemlich Schönes sein kann.« Diese Frau ist Lehrerin; es ist anzunehmen, daß sie auch ihren Schülern gegenüber anders auftreten wird.

Für emotional robuste Menschen mögen Encounter-Gruppen eine feine Sache ein. Wie steht es aber mit denen, die psychische Probleme haben? Kann es für diese nicht zu einem sehr aufwühlenden und beunruhigenden Erlebnis werden?

Die Möglichkeit, daß in Encounters Schaden angerichtet wird, beschäftigt mich auch. Aber ich glaube, daß diese Gefahr sehr viel geringer ist, als gemeinhin angenommen wird. Ich habe eine Fragebogen-Untersuchung bei 500 Gruppenteilnehmern sechs Monate nach Beendigung der Gruppen durchgeführt. Es handelte sich um Gruppen, die ich selbst geleitet habe oder für die ich verantwortlich war. Von den 481 Leuten, die geantwortet haben, gaben nur zwei an, daß ihnen die Erfahrung mehr geschadet als genutzt habe. Wissen Sie, eine tiefe menschliche Beziehung ist für jeden ein ziemlich seltenes Erlebnis, und schon deshalb ist daraus eine Veränderung zu erwarten.

Welche Art von Veränderung? Und wieviel Veränderung?

Ich glaube, daß Encounter-Gruppen dazu beitragen, daß Menschen aufgeschlossener gegenüber Erfahrungen an sich selbst werden, sie können ihre Gefühle besser ausdrücken, sie sind spontaner in ihren Reaktionen, flexibler, empfindsamer und wahrscheinlich auch zu echteren Beziehungen fähig. Das macht einen Menschen doch sehr attraktiv, finden Sie nicht?

Es klingt wie das Idealbild des Menschen.

Nun, ganze Kulturen gründen sich auf genau den Gegentyp dieses Ideals. In unserer eigenen Kultur glauben viele Menschen, daß man zurückhaltend, diszipliniert und möglichst wenig gefühlsbetont sein soll. Das Leben sollte nach festgelegten Regeln ablaufen, wobei diese Regeln von irgend jemandem – Gott oder sonst einer Autorität – vorgegeben sind. Der Mensch, der eine Encounter-Gruppe hinter sich hat, läßt sich mit großer Wahrscheinlichkeit nicht mehr so sehr von anderen beeinflussen und bestimmt seinen Weg selbst. Ich glaube, daß Mißverständnisse und ablehnende Reaktionen gegenüber Encounter-Gruppen dadurch begünstigt wurden, daß noch keine öffentliche Diskussion darüber stattgefunden hat, welche Art von Persönlichkeitsentwicklung die wünschenswerte ist.

Man kann zwar Einstellungsveränderungen messen und man kann auch Verhaltensänderungen empirisch untersuchen, aber wie soll man denn das Schlüsselerlebnis von Gruppen erfassen, das die von Ihnen genannten Veränderungen verursacht? Wie kann man dieses Phänomen allgemeinverständlich erklären?

Das ist eine Frage, die mich sehr beschäftigt und die mir Sorgen macht. Es stellt für mich eine Herausforderung dar, daß wir das Schlüsselerlebnis von Encounter-Gruppen noch nicht messen können. Einen Großteil meines Lebens habe ich mit psychometrischen Messungen verbracht, und ich rede mir immer wieder ein, daß ich auch die Gruppenerfahrung in den Griff bekomme, aber bis jetzt …

Vor einiger Zeit hat der britische Wissenschaftsphilosoph Michael Polanyi etwas gesagt, was ich damals gar nicht akzeptieren wollte. Aber er könnte recht haben. Er meinte, daß wir das Wort »Wissenschaft« für die nächsten zwei Jahrzehnte einmotten sollten, damit die Leute erkennen, daß wir mehr *Wissen* brauchen. Er hat gesagt, das Wort »Wissenschaft« sei so verquickt mit der ganzen Wissenschaftsmaschinerie, daß es uns zumindest in den Verhaltenswissenschaften eher einengt als hilft.

Ich weiß, daß viele von uns Psychologen so sehr mit Methoden beschäftigt sind, daß wir darüber tatsächlich vergessen, neugierig zu sein. Mit unserem heutigen Wissen können wir nicht erklären, was zum Beispiel in einem Geschäftsmann vorgegangen ist, den ein Encounter-Erlebnis vor 16 Jahren so nachhaltig verändert hat, daß er auch heute noch davon beeinflußt ist. Ich weiß nicht, wie man so etwas untersuchen soll. Oder warum für eine Gymnasiastin eine Intensivgruppe nach ihren eigenen Worten das wichtigste und schönste Erlebnis ihres noch ziemlich kurzen Lebens gewesen ist.

Sie wollen sicher sagen, daß die Psychologie auf dem Wege ist, eine wirkliche Humanwissenschaft zu werden? Wenn das wirklich so wäre, was heißt das konkret?

Ich weiß nicht. Je intensiver man versucht, die unbegreiflichen Dinge im Prozeß einer Persönlichkeitsveränderung abzuschätzen, desto weniger kann man sich auf die herkömmlichen Meßmethoden verlassen. Gleichzeitig werden aber auch die einzigen Methoden, die mir sinnvoll erscheinen, suspekt. Ich glaube, daß uns bei der Erfassung jenes Unbegreiflichen nur der Mensch helfen kann, der das Unbegreifliche selbst erlebt hat. Wir müssen uns ein Bild davon machen, wie es in dem betreffenden Menschen aussieht, wie er die Veränderung erlebt.

Wenn wir den Vorschlag Polanyis ernst nähmen und sagten: »Wissenschaft hin, Wissenschaft her, ich will etwas über diese Sache hier herausfinden!«, dann hätten wir einen wichtigen und befreienden Schritt getan. Es war für die Psychologie ein erfolgloses Unternehmen, einen großen Sprung vorwärts machen zu wollen und zu einer Naturwissenschaft zu werden wie die Physik.

Wir müssen uns mit der Tatsache abfinden, daß Menschen schon immer über Dinge nachgedacht haben, schon immer Dinge beobachtet und schon immer herumexperimentiert haben, lange bevor es zu den präzisen Messungen kam, die aus der Physik eine Naturwissenschaft machten. Es kann sein, daß wir wieder von vorn anfangen müssen, mit natürlichen Beobachtungen. Wir müssen unsere Anstrengungen vergrößern, wenn wir den Menschen, sein Verhalten und die Dynamik der Dinge verstehen wollen.

Dann wird es vielleicht eines Tages zu einer echten psychologischen Wissenschaft kommen, die keine Imitation der Physik ist und die als wirkliche Humanwissenschaft den Menschen als ihren ureigenen Erkenntnisgegenstand hat. Ich glaube, der Grund für die vielen Ratten- und Affenexperimentiererei ist, daß wir uns völlig klar darüber sind, daß wir für das Verständnis von Menschen noch keine Methoden entwickelt haben.

Aber schließlich lernen wir doch aus Tierexperimenten auch etwas über den Menschen. Glauben Sie nicht, daß Psychologen in einer permanenten Abwehrhaltung sind, weil ihre Wissenschaft eben nicht als harte Wissenschaft behandelt wird?

Ich halte die Psychologen heutzutage für die defensivste Berufsgruppe überhaupt. Wir haben alle schrecklich Angst davor, als Wissenschaftler nicht ernst genommen zu werden. Wir scheuen davor zurück, ganz gewagte Theorien zu spinnen, und wir haben Angst davor, sie zu erproben. Wir glauben, alles von einer sicheren Basis aus und mit vertrauten Forschungsinstrumenten tun zu müssen. Das ist aber nicht die Art und Weise, wie kreative Wissenschaftler, auch aus den Naturwissenschaften, vorgehen. Ich halte es für eine echte Tragödie, daß die Psychologiestudenten in vielen Universitäten es kaum noch wagen, originelle Gedanken zu äußern, aus Furcht, von Professoren oder Kommilitonen kritisiert zu werden. So kommen wir nicht weiter.

Die großen Physiker und Chemiker haben sicher keine Angst vor Wagnissen. Ihre ganze Arbeit basiert ja auf Vermutungen, nicht wahr?

Genau! Sie haben keine Angst. Was die Psychologie braucht, sind Ideen, die sich irgend jemand mit Phantasie und Intuition ausdenkt. Diese Ideen können auch aus persönlichen Erfahrungen stammen oder aus Versuchen, komplexe Phänomene zu erklären. Vielleicht dauert es ein Leben lang, bis sich herausstellt, ob es eine wertlose Idee war oder eine richtungweisende.

Wir brauchen diese Art des kreativen Phantasierens in der

Psychologie. Leider haben unsere psychologischen Institute keine Zeit für Phantasie. Ich bin sicher, daß sie Angst davor haben.

Vielleicht muß erst jemand wie Sie kommen, ein ehemaliger Präsident der American Psychological Association (APA), ein Mann, der bereits alle Ehrungen seines Faches und der akademischen Welt hinter sich hat, jemand, der so respektlos sein eigenes Fach kritisiert, wie Sie es tun.

Sind Sie vielleicht auch deshalb so ungeduldig, weil Sie auf den großen Sprung vorwärts warten bei der Lösung der Frage, warum Encounter-Gruppen Menschen so nachhaltig beeinflussen können?

Vielleicht bin ich einfach daran gewöhnt, in Kontroversen verwickelt zu sein. Aber Psychologie ist heute immer noch ein defensiver Beruf. Ich werde Ihnen ein Beispiel dafür geben: Vor einiger Zeit wurden auf der Konferenz »Der Mensch und die Wissenschaft vom Menschen« alle Diskussionen auf Tonband aufgenommen. Die Teilnehmer waren alle Akademiker von Rang. Nur drei von ihnen verweigerten die Erlaubnis, daß eine Gruppe von Redakteuren die aufgenommenen Äußerungen für andere Hörer bearbeitete. Zwei dieser Akademiker waren Psychologen. Ein anderes Beispiel ist die Diskussion, die ich mit B. F. Skinner, dem Vater des operanten Konditionierens, in Duluth geführt habe.

Er wollte nicht, daß das Tonband von unserer Diskussion schriftlich fixiert würde. Und das, obwohl ich es für abgemacht gehalten hatte, daß die Diskussion veröffentlicht wird. Diese Haltung nenne ich unbegründete Angst.

Wann haben Sie eigentlich angefangen, sich für Gruppen zu interessieren?

Meine ersten Versuche, das Erlebnis der Intensivgruppen in einer konstruktiven Weise zu nutzen, fanden 1946 statt, als ich Leiter der Beratungsstelle der *University of Chicago* war. Wir hatten einen Vertrag mit dem Verband der Kriegsteilnehmer *(Veteran's Administration),* daß wir alle Berater für heimkehrende Soldaten ausbilden sollten. Wir mußten die Leute in nur sechs Wochen zu effektiven Beratern machen. Alle hatten ein

Universitätsdiplom, aber keiner hatte Erfahrung in Beratungsgesprächen. Wir konnten sie nicht einzeln ausbilden, was unserer Meinung nach der beste Weg gewesen wäre, deshalb bildeten wir kleine Gruppen. Es funktionierte sehr gut.

Damals gab es noch keine Encounter-Gruppen. Gab es Gruppentherapie?

Die Gruppentherapie stand gerade am Anfang. Ich erinnere mich, daß ich 1945 einigen meiner Studenten ein Gruppentherapie-Lehrprogramm angeboten habe. Ich sagte ihnen, daß es für mich eine neue Sache wäre und ich noch keine Erfahrung hätte. Etwa zur selben Zeit haben die *National Training Laboratories* (NTL) in Bethel (US-Staat Maine) mit Gruppentherapie begonnen, aber ich wußte nichts davon. Meine Berater- und Studentengruppen in Chicago teilten in den Sitzungen immer mehr persönliche Dinge mit und berichteten darüber, was in ihnen vorging. Es war ähnlich dem, was heute in Encounter-Gruppen passiert. Allerdings habe ich diese Entwicklung damals nicht weiterverfolgt, zum Teil, weil ich glaubte, in Gruppen nicht so gut forschen zu können. Damals war ich der Meinung, daß schon eine Beziehung zwischen zwei Personen so komplex sei, daß sich der Gedanke an die Untersuchung von Beziehungen in der Gruppe verbietet.

Seit damals haben Sie ihre Meinung sicherlich geändert.

Natürlich habe ich meine damalige Position revidiert. Das nächste Mal, daß ich mich intensiv mit Gruppenerfahrung auseinandersetzte, war 1950, als ich einige Tage vor dem Kongreß der APA ein Fortbildungsseminar abhielt. Ich erinnere mich daran, daß ich jeden Tag eine Stunde lang mit einem Klienten vor zwölf Zuhörern arbeitete. Zunächst begann es auf einer etwas akademischen Ebene, aber je länger es dauerte, desto mehr teilten wir uns unsere persönlichen Erfahrungen, unsere Schwierigkeiten und unsere Fehler mit. Es wurde zu einem intensiven persönlichen Erlebnis.

Wir alle gingen auseinander in dem Gefühl, viel gewonnen zu haben. Was mich erstaunte, war die lang anhaltende Wirkung dieser Erfahrung. Damals wurde mir klar, welche verändernde Kraft in Gruppenerfahrungen steckt.

Haben die National Training Laboratories *in Bethel nicht zur selben Zeit angefangen, Sensitivity-Trainings-Gruppen für leitende Angestellte durchzuführen, die berühmten T-Gruppen?*

Zur selben Zeit, als ich anfing, Sommerkurse zu veranstalten, die vom *Counseling Service Center* organisiert wurden, hörte ich, daß an der Ostküste etwas vor sich ging. Dann nahm einer unserer Mitarbeiter an einer der NTL-Gruppen teil und kam ziemlich unbeeindruckt zurück. Wir hatten damals verschiedene Ansätze: Unsere Gruppen konzentrierten sich auf zwischenmenschliche Beziehungen und auf die Schaffung eines Klimas, in dem Menschen zum Ausdruck bringen können, was immer sie wollten. Mit den Jahren gab es dann eine wechselseitige Beeinflussung, so daß es nicht mehr korrekt ist, von verschiedenen Ansätzen zu sprechen.

Was, glauben Sie, schreckt viele Leute von intensiven Encounter-Gruppen ab?

Ich glaube, daß viele von uns in einem sehr empfindlichen Gleichgewicht leben. Wir haben gelernt, mit uns selbst und mit unserer Umwelt irgendwie auszukommen. Die Möglichkeit, daß dieses Gleichgewicht gestört werden könnte, ist angsterregend. Fast unvermeidlich finden die Teilnehmer an Encounter-Gruppen heraus, daß dieses Gleichgewicht gestört wird, ganz empfindlich gestört wird, daß es aber in einer Atmosphäre gegenseitigen Vertrauens leichtfällt, sich selbst zu verwirklichen.

Während Sie sprachen, dachte ich gerade an die letzten Worte von Cyrano de Bergerac. Im Sterben greift dieser nach seinem bunten Hut und sagt: »Meine Feder, meine heilige Feder, mein ganzer Stolz, meine Pose, meine lebenslange Maskerade!«

Das geht mir unter die Haut. In einer Encounter-Gruppe lernen die Menschen, daß sie wirklich keine Maskerade aufführen müssen. In unserem letzten Seminar gab es einen Mann, der sehr kompetent, tüchtig und sehr selbstbewußt wirkte. Man hat gespürt: Das ist ein Mann, der es geschafft hat. Er hat eine leitende Stellung, und alles ist perfekt. Es stell-

Carl R. Rogers ist eine der großen Gestalten der Nachkriegspsychologie. Der Begründer der personenzentrierten Psychologie und »Vater« der Encounter-Bewegung (Encounter = Begegnung) wurde 1902 in Oak Park, USA, geboren. Er gilt als Schüler des Freud-Schülers Rank, ist jedoch von der Psychoanalyse durch das von ihm entwickelte neue psychotherapeutische Verfahren, die klientenzentrierte Therapie, abgewichen. Carl Rogers hat ab 1940 als Professor für Psychologie an der *Ohio State University* und an der *University of Chicago* gelehrt; seit den 70er Jahren war er *Fellow* am *Center for Studies of the Person* in La-Jolla, Kalifornien. Er starb 1987.

te sich heraus, daß er förmlich nach Anerkennung und Liebe hungerte.

Wie schätzen Sie Ihren eigenen Beitrag zur Psychologie ein?

Wenn ich überhaupt einen Beitrag geleistet habe, ist es der, daß ich gezeigt habe, wie sich das Potential eines Menschen – ja, auch das Potential einer Gruppe – in einem günstigen psychologischen Klima entfalten kann. Das ist ein sehr optimistischer Standpunkt!

Wenn es mir als Therapeut gelingt, ein persönliches Verhältnis zu meinem Klienten herzustellen und als Mensch aufzutreten, der wirklich engagiert ist, wenn ich ihm klarmache, daß ich verstehe, was er ausdrücken will, dann wird der Klient selbst allmählich beginnen, angemessenere Wege für sich zu finden.

In Ihrem Werk haben Sie immer wieder die Bedeutung der persönlichen Beziehung betont.

Das ist der andere Aspekt dessen, was ich möglicherweise zur Psychologie beigetragen habe. Anstatt mich auf die Diagnostik oder die ursächlichen Elemente des Verhaltens zu konzentrieren, habe ich mich vorwiegend mit der Dynamik der Interaktion befaßt. Für mich ist nicht so wichtig, wie ein Mensch zu dem geworden ist, was er gerade ist, sondern wie er sich verändern kann. Ich stelle fest, daß viele klinische Psychologen sich fast dafür entschuldigen, wenn sie aus ihrer Begegnung mit den Klienten etwas mitnehmen. Ich glaube, daß ein Therapeut, der keine besonders enge Beziehung zu seinen Klienten entwickeln kann, kein Therapeut sein sollte.

Dieses intensive persönliche Engagement erlebte ich bei mir besonders in der Einzeltherapie. Als ich das aufgeben mußte, weil mein Leben schon zu hektisch geworden war, fragte ich mich, was an die Stelle dieses Engagements treten würde. Bald fand ich heraus, daß intensive Arbeit mit Gruppen – und mit einzelnen Gruppenmitgliedern – mich auf ähnliche Weise psychologisch beflügelte wie die Einzeltherapie.

Sie erwähnten, daß Sie keiner Kontroverse aus dem Weg gegangen sind. Welches waren die Gefechte?

Natürlich war ich während der 30er und 40er Jahre besonders engagiert, als Bestrebungen im Gange waren, Psychologen von der Psychotherapie auszuschließen. Das letzte Scharmützel in dieser Angelegenheit fand in den 50er Jahren statt. Jetzt ist dieses Problem jedenfalls in den USA ad acta gelegt.

Eine Kontroverse entstand daraus, daß ich so viel Vertrauen in das Potential des Individuums setzte. Diese Tatsache tangierte das Selbstverständnis vieler Therapeuten und wurde als Bedrohung aufgefaßt.

Meine Schriften, die auf meinen Überzeugungen und meinen Forschungsergebnissen basierten, stürzten viele Psychologen und Psychiater in Verwirrung. Ich behauptete, daß der Mensch selbst seine Fähigkeiten und seine Fehlanpassungen herausfinden könne, daß er selbständig zu Einsicht gelangen und seine Probleme in den Griff bekommen könne.

Diese Ansicht ist bedrohlich für Leute, die sich für Experten halten. Es ist befriedigender, derjenige zu sein, der als großer Helfer auftritt, als nur ein Klima zu schaffen, in dem der andere Mensch etwas selbst tun kann. Es gab viele Angriffe gegen mich, und auch Witze, in denen behauptet wurde, alles, was ich täte, wäre, mit den Klienten einer Meinung zu sein.

Das bringt mich auf den klassischen Rogers-Witz: ... ein Klient, der depressiv ist, befindet sich bei Ihnen in Therapie. Er sagt:

»Ich bin niedergeschlagen.« Sie sagen: »Sie sind wirklich nie-
dergeschlagen, nicht wahr?« Er sagt: »Ich könnte aus dem Fen-
ster springen ...« Sie antworten: »...

Ich weiß, wie die Geschichte weitergeht. Meine Antwort, ein
für allemal, ist: Ich hätte den Mann nicht zum Fenster raus-
springen lassen!

(Mit Carl Rogers sprach Mary Harrington Hall)

REINHARD TAUSCH

»Ich halte es für vermessen, ein nie endendes Glück zu erwarten«

Der Name Reinhard Tausch ist eng mit der Gesprächspsychotherapie verbunden. Er war es, der diese Therapierichtung nach Deutschland gebracht und durch Fernsehsendungen und Veröffentlichungen einem breiten Publikum bekannt gemacht hat. Heute plädiert er für eine Kombination verschiedener Therapieansätze und hält beispielsweise Entspannungsmethoden oder Joggen für eine sinnvolle Ergänzung langjähriger Mono-Therapien.

Sie waren einer der ersten, der – via Fernsehen – einem großen Publikum Psychotherapie nahegebracht hat. In einer Reihe von Sendungen wurde in den 70er Jahren der Ablauf von Gesprächsgruppentherapien gesendet. Wie stehen Sie heute zu diesen Sendungen?

Ich sehe eine Hauptwirkung darin, daß sich viele Menschen – Hunderttausende haben die Sendungen gesehen – davon angesprochen fühlten. Sie erlebten: es gibt andere Menschen, die ähnliche Schwierigkeiten haben und die es wagen, diese frei zu äußern. Und sie sahen, daß andere Menschen helfen können. Und zwar nicht nur die Psychotherapeuten, sondern auch die Gruppenmitglieder. Ich werde heute noch auf diese Sendungen angesprochen. Menschen sagen mir, daß es ihnen Mut gemacht hätte, ihren Lebensstil zu ändern oder eine Therapie zu beginnen. Eine andere Wirkung, die wir anstrebten, war: Psychotherapie, besonders das Psychotherapeutenverhalten, wurde in der Öffentlichkeit transparenter, verlor einiges von dem geheimnisvollen Expertentum. Eine wesentliche Auswirkung der 15 Fernsehsendungen sehe ich auch darin: Viele Menschen bekamen Mut, an Selbsthilfegruppen teilzunehmen oder selbst welche zu gründen. Ich halte Selbsthilfegruppen für sehr wichtig – etwa für alleinstehende Menschen mit chronischen Erkrankungen. Diese Fernsehsendungen mögen dafür den Boden mitbereitet haben.

Sie haben mit diesen Sendungen aber auch die Gesprächspsychotherapie bekannt gemacht, und viele Menschen haben sicherlich in diese Therapiemethode sehr viel Hoffnung gesetzt. Konnte die Gesprächspsychotherapie – konnten die Therapeuten – diese Erwartungen erfüllen?

Die Gesprächspsychotherapie erwies sich in sorgfältigen Untersuchungen bei vielen Klienten mit sogenannten neurotischen, psychosomatischen und depressiven Beeinträchtigungen als deutlich effektiv, bei relativ kurzer Therapiedauer. Dabei stellte sich auch heraus, daß das Ausmaß der Änderungen der Klienten mit abhängt von der fachlichen Qualifikation und von Persönlichkeitsmerkmalen des Therapeuten. In der Gesellschaft für wissenschaftliche Gesprächspsychotherapie sind heute mehrere tausend Mitglieder zusammengeschlossen, die vielen Menschen hilfreiche seelische Dienste geleistet haben und leisten. Eine andere Frage ist: Ist diese Hilfe durch Gesprächspsychotherapie für die Klienten hinreichend? Können wir sie verbessern? Hier sehe ich folgende Fortentwicklung als notwendig an: Erstens: Die Therapeuten bieten neben Einzelgesprächen mehr Gruppengespräche an. Klienten können hier wichtige Erfahrungen machen und auch anderen helfen. Zweitens: Therapeuten fördern stärker die Selbsthilfe und einen gesünderen Lebensstil, auch zur Prävention bei späteren Belastungen. Und drittens bieten die Therapeuten den Klienten neben den Gesprächen zusätzlich andersartige geprüfte Therapiemöglichkeiten an.

Hat die Gesprächstherapie eine Entwicklung in diesem Sinne genommen?

Ich hoffe, daß sie sich in diese Richtung fortentwickelt. Mir liegt sehr am Herzen, daß Gesprächspsychotherapeuten über das Gespräch hinaus wirklich klientenzentriert arbeiten. Das heißt: nicht nur Gespräche anbieten, sondern alles das, was der Klient an therapeutischen Erfahrungen benötigt. Und zwar aus folgenden Gründen:

– Die seelischen Beeinträchtigungen sind meist durch eine Anzahl psychischer, sozialer und biologischer Faktoren bedingt.

– Die Auswirkungen der Beeinträchtigungen erstrecken sich häufig auf unterschiedliche Bereiche des emotionalen, sozialen und kognitiven Verhaltens, die zu Gewohnheiten geworden sind.

– Die Beeinträchtigungen von Klienten können – wie wir heute wissen – auf unterschiedliche therapeutische Weise befriedigend vermindert werden, mit etwa ähnlichen Ergebnissen.

– Es ist wünschenswert, daß die Klienten in der Therapie zu einer zukünftig größeren Selbsthilfe und zu einem seelisch-körperlich gesünderen Lebensstil befähigt werden.

Aus diesen Gründen reichen Gespräche nicht aus – das therapeutische Angebot muß erweitert werden. Ein klientenzentriertes Vorgehen bedeutet daher heute für mich ein multimodales Vorgehen, also eine Kombination verschiedener geprüfter therapeutischer Angebote. Klienten mit muskulären Spannungen zum Beispiel – bei Ängsten sind sie oft vorhanden – benötigen Entspannungsangebote. Etwa jeder zweite Klient profitiert deutlich von Methoden zur Streßbewältigung. Klienten mit Einschlafstörungen benötigen Anti-Grübel-Techniken und Atementspannung. Für andere Klienten wiederum sind Informationen über Bewältigungsformen samt Beratung oder ein Verhaltenstraining hilfreich.

Klientenzentriert heißt also für mich: alle wissenschaftlich geprüften Möglichkeiten zu erwägen, die über Gespräche hinaus für den Klienten hilfreich sein können, und sie in Absprache mit dem Klienten anzubieten. Das bedeutet, daß ich mich nicht nur auf Gesprächstherapie oder nur auf Verhaltenstherapie beschränken kann. Eine solche Mono-Therapie sehe ich heute eher als einen Kunstfehler an, als ein therapeutenzentriertes Vorgehen.

Gesprächspsychotherapie in Reinform halten Sie nicht für ausreichend?

Das stimmt, häufig ist sie nicht ausreichend. Historisch gesehen ist die Einengung auf nur eine Vorgehensweise verständlich. Die Forscher – so Rogers, Wolpe, Jacobson, J. H. Schultz, A. Beck und andere – konzipierten ihre Therapieformen in oft intuitiv genialer Weise. In der Folgezeit bemühten sie sich intensiv um empirische Prüfung. Dies konnte oft nur unter Isolierung anderer Bedingungen und anderer therapeutischer Vorgehensweisen erreicht werden. Danach kam die Stufe der öffentlichen Verbreitung der Therapie und die Ausbildung von Therapeuten. Jetzt jedoch, wo der wesentliche Bestand in Gesprächspsychotherapie, Verhaltenstherapie, Entspannungsformen und kognitiver Therapie gesichert ist, ist es unsere Pflicht, diese geprüften Verfahren miteinander zu kombinieren, wann immer es für den Klienten hilfreich ist. Ich halte den Zeitpunkt inzwischen für gekommen, an dem die Vertreter der einzelnen Therapierichtungen nicht mehr gegeneinander oder nebeneinander arbeiten, sondern den *Klienten* in den Mittelpunkt stellen und sehen, was für diesen hilfreich ist. So habe ich in den letzten drei Jahren größere Forschungen dazu durchgeführt, wie Ängste vor Sterben und Tod, starker Alltagsstreß sowie schwerer Lebensstreß, zum Beispiel Trennung vom Partner, vermindert werden können. Diese Interventionen beinhalten sowohl Gesprächspsychotherapie als auch Verhaltenstherapie und Entspannungsmethoden.

Findet die Zusammenarbeit zwischen den verschiedenen Richtungen in der Praxis schon statt, oder ist Ihre Forderung momentan noch eher Wunsch denn Realität?

Ich denke, wir sind auf dem Wege zueinander. Natürlich sind geistige Enge, Starrheit, Machtstreben, Beharren auf eigenen Positionen und Nicht-Offensein für die wissenschaftlichen Fakten anderer noch vertreten und hinderlich. Erschwerend ist wohl auch, daß langjährig ausgebildete und praktizierende Gesprächs- und Verhaltenstherapeuten sich gegenüber der jeweils anderen Orientierung inkompetent und unsicher fühlen. Hier ist die Zusammenarbeit mit einem Therapeuten der jeweils anderen Orientierung sehr hilfreich für die Weiterentwicklung. Wir brauchen ja auch nicht die Fehler und Mythen der einzelnen Therapieformen mit zu übernehmen, sondern nur ihr wissenschaftlich-praktisches Kerngerüst. Mein Eindruck ist, daß junge Psychologen etwa in Rehabilitationskliniken offener für die verschiedenen therapeutischen Möglichkeiten sind.

Plädieren Sie für eine Offenheit nach allen Seiten – also allen Therapierichtungen gegenüber – oder würden Sie das integrative Vorgehen auf bestimmte Therapieformen beschränken?

Ich fühle die Verpflichtung, alles das, was wissenschaftlich überprüft und von allgemeinen theoretischen Grundlagenerkenntnissen einsichtig ist, zu verwenden. Wir haben ja eine erstaunliche Vielfalt von Möglichkeiten. Etwa die Muskelentspannung nach Jacobson, die Atementspannung (Meditation) nach Benson, das autogene Training – all diese Verfahren sind in ihren Auswirkungen vielfältig überprüft, mit teilweise ähnlichen Ergebnissen wie psychotherapeutische Gespräche. Ferner haben wir gute, überprüfte Möglichkeiten zur Streßverminderung oder die vielen Möglichkeiten der Verhaltenstherapie. Des öfteren werden diese Verfahren noch ignoriert, obwohl vielfältig erwiesen ist, daß zum Beispiel körperliche Entspannung sich günstig auf die psychische Befindlichkeit, auf Kognitionen und Verhalten auswirkt. So haben wir auch in unseren Interventionen bei Klienten mit starkem Alltagsstreß sowie mit schwerem Lebensstreß, wie Trennung vom Partner, eine Kombination von sachlicher Information, von Gruppengesprächen, Entspannungsformen, mentalem Training und der verhaltenstherapeutischen Methode der entspannten Desensibilisierung verwendet.

Entspannungsmethoden oder Yoga-Übungen sind eher unspektakuläre Verfahren. Andere – neuere – Therapieverfahren arbeiten oft mit sehr viel drastischeren Methoden. Schreiende, sich auf dem Boden wälzende, nach ihrer Mutter jammernde Klienten sind dort keine Seltenheit. Was halten Sie von diesen Therapieverfahren?

Ich bin sehr besorgt, daß derartige Vorgehensweisen verwendet werden. Ich kann sie weder von Grundlagenerkenntnissen her akzeptieren, noch sind sie sorgfältig wissenschaftlich überprüft. Mir tun oft die Menschen leid, die an derartigen Prozeduren wie zum Beispiel dem Rebirthing teilnehmen und sich in ihrer großen Verzweiflung Hilfe davon versprechen. Die Gefahr der Schädigung ist bei beeinträchtigten Klienten groß. Auch teilten mir manchmal Klienten mit, daß sie sich danach geschämt hätten, sich derartigen Prozeduren des Leiters gefügt zu haben.

Viele dieser Verfahren werden – wie die Gesprächspsychotherapie – zu den humanistischen Therapien gezählt. Ist das mit ein Grund, daß Sie selbst sich nicht gern als humanistischen Therapeuten bezeichnen?

Manche Therapeuten bezeichnen sich als »humanistisch«, deren Verhalten ich eher als autoritär, dirigierend, ja manipulierend empfinde und die unkritisch Methoden verwenden, die nicht geprüft sind. Das ist für mich kein humanes Vorgehen. Ich halte es für unbedingt notwendig, daß ein Psychologe, der Menschen helfen will, nach ethisch-humanen Gesichtspunkten handelt.

Für meine psychotherapeutische Arbeit ist dreierlei wichtig: Das therapeutische Vorgehen ist human, das heißt, ich achte voll die Selbstbestimmung und Würde des Klienten und dirigiere seine Wertauffassungen nicht; das Vorgehen hat sich in wissenschaftlichen Überprüfungen als wirksam und nicht schädlich erwiesen. Und: Das Verhalten des Psychotherapeuten ist transparent-aufrichtig und entspricht theoretischen Grundlageneinsichten.

Dies ist zum Beispiel bei den Entspannungs- und Meditationsverfahren gegeben. Wir wissen heute genau, welche körperlichen Prozesse hierdurch ausgelöst werden, zum Beispiel über das sympathische Nervensystem, und wie hierdurch Kognitionen (Gedanken, Auffassungen), emotionale Reaktionen und das Verhalten beeinflußt werden. Aber wie Sie schon sagten: Es sind keine spektakulären Methoden, sie sehen nach außen hin zu einfach aus. Vielleicht verlangen diese Vorgehensweisen auch von manchen Therapeuten recht viel. Einem Klienten Muskel- oder Atementspannung am Beginn oder Ende eines Gesprächs anzubieten, mit ihm gemeinsam ein langsames Lauftraining oder mit einer Gruppe von Klienten sanfte Hatha-Yoga-Übungen zu machen: das verlangt vom Therapeuten Kenntnisse, Kompetenz und die Verwendung dieser Möglichkeiten der seelischen Gesunderhaltung in seinem eigenen Alltag, wenn sie oder er glaubwürdig sein will. Auch eignen sich diese Therapieformen schlecht für ein akademisch-intellektuelles Prestigegehabe.

Könnte die Abneigung auch darin begründet sein, daß Entspannung oder Joggen Methoden sind, die sehr bald von jedem Menschen autonom, ohne Anleitung, angewandt werden können? Und dann wird der Therapeut arbeitslos?

Das kann sein. Es ist vielleicht für die Therapeuten, die von einer Privatpraxis leben, eine schwierige Situation. Jemand, der von einer Institution bezahlt wird, könnte Klienten eher darin unterstützen, sich möglichst bald selbst zu helfen. Das sollte eigentlich unser Ziel sein.

Ein Ziel, das aber oft genug aus den Augen verloren wird.

Genau! Wenn wir daran denken, daß analytische Therapien des öfteren zwei, drei oder vier Jahre dauern, mit großen Ko sten für den einzelnen oder die versicherten Beitragszahler, und wenn dabei die Psychotherapeuten niemals mit dem Klienten Entspannungsübungen durchführen oder mit ihm langsam laufen, wenn keine Standardformen der Streßverminderung, des Verhaltenstrainings oder der Einbeziehung von Familienmitgliedern angeboten werden, dann betrübt mich das sehr. Denn es liegen so zahlreiche beeindruckende wissenschaftliche Befunde über diese Möglichkeiten vor. Langsames Laufen zum Beispiel ist ein wichtiges Anti-Depressivum.

Ich bin fasziniert von Forschungsergebnissen, in denen sinnvolle geprüfte psychologisch-therapeutische Vorgehensweisen kombiniert wurden. Diese Behandlungsform zeigte sich auch deutlich wirksam bei körperlich Erkrankten: Der amerikanische Forscher Dean Ornish konnte zum Beispiel bei arteriosklerotischen Patienten durch Bewegungstraining, Atementspannung, Meditation, Muskelentspannung und Streß-Management-Techniken sowie eine strikt vegetarische, extrem fettarme Ernährung eine deutliche Rückbildung der Verengung mit erheblicher Verminderung von Angina-pectoris-Attacken erreichen. Eine weitere Studie wurde von David Spiegel von der Standford University durchgeführt. Er konnte nachweisen, daß sich die Überlebensdauer von Brustkrebspatientinnen durch Gruppengespräche, Entspannungsübungen, Anleitungen zur Schmerzbekämpfung und psychosoziale Unterstützung im Vergleich zu einer Kontrollgruppe deutlich erhöhte. Zudem erfuhren diese Patientinnen auch einen Zuwachs an Lebensqualität.

Sie haben jahrzehntelang zusammen mit Ihrer Frau Anne-Marie Tausch gearbeitet, Bücher geschrieben, drei Kinder großgezogen. Ihre Frau ist 1983 an Krebs gestorben. Sie haben Ihre Erfahrungen mit Sterben und Tod in einem gemeinsamen Buch dokumentiert, »Sanftes Sterben«, ein Buch, das Sie nach dem Tod Ihrer Frau fertiggestellt haben. Was hat Ihnen die Kraft gegeben, weiterzuarbeiten?

Sehr vieles war hilfreich für mich. Einmal, daß meine Lebensgefährtin ihre Krankheit und ihr Sterben annehmen konnte und die letzten Jahre trotz der Erkrankung sehr bewußt und intensiv lebte. Ich denke, dies ist ein Geschenk, das wir Angehörigen machen können, wenn wir gehen werden. Sie sagte auch, sie möchte nicht, daß irgend jemand traurig ist, wenn sie geht. Sie hat keinem von uns irgendwelche Auflagen gemacht, was nach ihrem Tod sein sollte. Wichtig war auch, daß sie in den letzten Monaten und Wochen überwiegend zu Hause war und wir so für sie aktiv sorgen konnten. Angehörige, die in der Klinik aktiv kaum etwas tun können, haben es viel schwerer. Das aktive Bemühen, es dem anderen zu erleichtern, ist zwar teilweise belastend, hilft aber sehr bei der Bewältigung des eigenen Schmerzes.

Was mir ebenfalls sehr geholfen hat: Ich war sehr in ihr zentriert. Also: Was kann ich für sie tun, was hilft ihr? Meine größte Trauer war die Trauer um sie, daß sie nicht mehr leben konnte; denn sie lebte sehr gern, war sehr aktiv. Erst viel später, nach ihrem Tod, ist mir deutlich geworden: Ich bin zurückgeblieben, und welche seelischen Folgen hat das für mich? Sich in andere Menschen hineinzufühlen, in einem anderen Menschen zentriert zu sein, läßt die eigenen Schmerzen zurücktreten. Ich habe auch selten gedacht: Was habe ich verloren, sondern: Was habe ich bekommen, all die 29 Jahre, die wir so befriedigend zusammengelebt haben? Dafür bin ich sehr dankbar. Wie ich heute durch Untersuchungen weiß, ist Dankbarkeit ein sehr positives, hilfreiches Gefühl. Ich halte es für vermessen, ein ständiges, nicht endendes Glück zu erwarten. Ich möchte mich abfinden mit der Realität, mit dem, was unabänderlich ist; aber ändern, was ich ändern kann.

Ja, und dann war sehr hilfreich für mich: Viele Gespräche über Anne-Marie, über unser gemeinsames Leben, mit meinen Kindern, Freunden, Bekannten, Gruppenmitgliedern – täglich Hatha-Yoga-Übungen –, Bewegungstraining wie Tennis und langsames Joggen. Als ich zwei Tage nach ihrem Tod von einem langsamen Lauf zurückkam, spürte ich, ich würde es schaffen. Meine Tochter zog für zwei Jahre zu mir – ich hatte viel zu arbeiten, schwer aufschiebbare Forschungen mit Diplomanden und Doktoranden, Lehrverpflichtungen an der Universität, Gruppen mit Klienten, Vorträge.

Das Abschiednehmen und Loslassen über Jahre hinweg während ihrer fünfjährigen Erkrankung hat mein Leben nach ihrem Tod sehr erleichtert. Aus Untersuchungen wissen wir, daß der plötzliche Tod eines Partners sehr viel belastender sein kann. So aber konnten wir uns in der Familie mit ihrer Erkrankung und einem ungünstigen Ausgang auseinandersetzen. Auch Anne-Marie hatte sich bald nach ihrer Operation, fünf Jahre vor ihrem Tod, intensiv damit beschäftigt. Natürlich erspart diese Auseinandersetzung mit Sterben und Tod nicht die schmerzende Trennung, aber wir konnten das Geschehene annehmen und waren gefaßt.

Es ist auch wichtig, welche Einstellung ich selbst zu Sterben und Tod habe. Wenn ich selbst Furcht und Angst davor habe, dann löst der Kontakt mit einem Sterbenden fortlaufend eigene Ängste aus.

Wie kann man die Angst vor dem Sterben verlieren? Spielt der Glaube eine Rolle?

Es gibt viele Möglichkeiten, durch die wir lernen können, bewußt einzuwilligen, daß wir vergänglich sind: So durch die häufige Auseinandersetzung mit Sterben und Tod im Alltag, in Gesprächen, durch Bücher, Vorträge, Seminare; die Botschaften des Buddha und östliche Philosophen haben Anne-Marie und mir sehr geholfen. Dann die Begleitung eines Sterbenden, unter Betreuung durch einen erfahrenen Begleiter. Ja, religiösen Menschen wird es häufig leichter, Sterben und Tod anzunehmen. Allerdings haben wir in Untersuchungen festgestellt, daß Menschen, die einen strengen, strafenden Gott annehmen, eher mehr Angst vor dem Sterben haben.

Wenn es uns gelingen würde, unsere Sterblichkeit ständig in unserem Bewußtsein präsent zu haben, hätte das dann auch einen Einfluß auf unsere psychische Gesundheit? Würden wir eventuell so manche Probleme nicht mehr so ernst nehmen?

Ja, wenn wir uns häufig unsere Sterblichkeit vor Augen halten, dann wird uns auch klar bewußt, daß viele Schwierigkeiten und Probleme nicht die Bedeutung haben, die wir oder die Umwelt ihnen geben. So hat meine Lebensgefährtin Anne-Marie noch ein Jahr vor ihrem Tod mit einer Doktorandin bei 500 Menschen eine sogenannte Sterbemeditation durchgeführt. Nach anfänglichen Gruppengesprächen über ihre Erfahrungen und Ängste mit Sterben und Tod wurden die Teilnehmer zu einer tiefen Entspannung angeleitet. Danach stellten sie sich eine schwere Erkrankung und das eigene Sterben vor. Unerwartet für uns zeigte sich: Neben einer Verminderung der Ängste vor Sterben und Tod verminderten sich auch die Testwerte in Psychoneurotizismus. Wenn ich mich mit der größten Angst, die Menschen oft haben, in einem stark entspannten Zustand konfrontiere – »Ich bin vergänglich, ich werde sterben« –, dann vermindern sich viele andere kleinere Ängste. Zugleich ergab sich, daß die meisten Teilnehmer danach in ihrem Alltag bewußter und intensiver lebten.

Diese Sterbemeditation ist eine wirksame Möglichkeit, seelisch freier zu werden; wir lernen loszulassen, auch unser Ego. Manche unternehmen ja sehr viel, um ihr Ego herauszustellen und zu verteidigen. Durch eine Sterbemeditation wird uns bewußter: Es verändert sich alles; du kannst nichts mitnehmen, nichts von deinen materiellen Gütern, nichts von deinem Prestige.

Sie haben sich in den letzten Jahren auch empirisch mit der Bedeutung von Religion und Glauben für die psychische Gesundheit eines Menschen beschäftigt. Was war Ihre Motivation für diese Fragestellung?

In den letzten Jahren teilten mir immer häufiger ehemalige Klienten in Briefen mit, daß sie Halt im Glauben an Gott gefunden hätten und daß ihre seelischen Schwierigkeiten sich sehr verringert hätten. Ich sagte mir dann, daß ich das als wissenschaftlicher Psychologe nicht ignorieren darf. Früher war es mir fast unangenehm, wenn ein Klient in der Therapie von seinem Glauben sprach; ich habe mich eher hilflos gefühlt.

Ein weiterer Anstoß war: Nach dem Tod meiner Frau habe ich das Buch »Sanftes Sterben« fertiggestellt und zusammen mit Diplomanden 200 Menschen befragt, die Sterbende begleitet hatten. Sehr viele davon sagten, daß ihnen und dem Sterbenden der religiöse Glaube geholfen hätte. Als Wissenschaftler kann ich solche Aussagen nicht »verdrängen«. Ich bedauere, daß ich diesen Bereich früher ignorierte und ihm im Gespräch mit Klienten eher ausgewichen bin. Nachdenklich machten mich auch Aussagen in den Schriften naturwissenschaftlicher Nobelpreisträger, so von Einstein oder Planck, die sich als religiös bezeichneten und für die die Wissenschaft eine Möglichkeit der demütigen Bewunderung des uns Verschlossenen war. So schreibt Albert Einstein: »Wissenschaft ohne Religion ist lahm, Religion ohne Wissenschaft blind.« Oder Max Planck: »Religion und Naturwissenschaft bedürfen zu ihrer Betätigung des Glaubens an Gott; Gott steht für die einen am Anfang, für die anderen am Ende alles Denkens.«

So beschloß ich zusammen mit Diplomanden und einem Doktoranden in einer Untersuchung zu klären, welche Vorstellungen Menschen von Gott haben. Wir stellten unter anderem fest: Die Gottesvorstellungen der Menschen sind sehr, sehr unterschiedlich. Manche nehmen einen sehr persönlichen Gott an, andere wiederum, wie zum Beispiel auch ich, einen unpersönlichen Gott. Manche schreiben Gott Verhalten und Gefühle von Liebe, Zuwendung und Güte zu, andere von Strenge und Nachsichtigkeit und wiederum andere von Gleichgültigkeit, Passivität. Dementsprechend sind auch die Gefühle, die Menschen gegenüber ihrem Gott haben: Gefühle von Liebe, Zuneigung und Wärme; bei anderen sind es Angst, Furcht, Unsicherheit. Ferner: Die persönliche Gottesvorstellung und die eigenen Gefühle hängen teilweise mit der Persönlichkeit zusammen: Seelisch beeinträchtigte, depressive Menschen nehmen eher einen strafenden Gott an und empfinden eher Gefühle von Angst oder Unsicherheit ihm gegenüber. Auch kann die Gottesvorstellung mit der Wahrnehmung der Eltern zusammenhängen. Heute finde ich es seltsam, daß wir Psychologen diese Kognitionen und Emotionen von Menschen einem höheren Wesen gegenüber häufig völlig ausgeklammert haben.

Sicherlich können Ihnen einige Menschen in dieser Argumentation nicht folgen. Viele weisen alles, was mit Religion zu tun hat, weit von sich. Respektieren Sie das?

Ja, selbstverständlich. Auch der Glaube, daß es keine höhere Macht, keinen Gott in irgendeiner Form gibt, ist eine Auffassung, die jeder einzelne für sich selbst bestimmt. Ich denke allerdings und Untersuchungen legen es nahe: Die meisten Menschen nehmen – unabhängig von einer Kirche – eine Schöpferkraft, einen Gott an und suchen eine Beziehung dazu;

sie suchen Antworten auf die Frage: Wie soll ich auf diesem Planeten leben? Wo gehe ich hin? Dieses suchende Bemühen um eine Beziehung zu einem höheren Wesen wird allerdings bei manchen durch Dogmen, Rituale oder ähnliches eingeschränkt. Mir hat die Auffassung des Paters und Psychologen David Steindl-Rast sehr geholfen, die Aussagen des Neuen Testaments oder von Pastoren, zum Beispiel Gott als Vater im Himmel, Fegefeuer, nicht konkret wörtlich zu nehmen, sondern als Symbole einer Zeit vor 2000 Jahren zu verstehen.

Sie haben einmal geschrieben, einige Botschaften Jesu würden den ethischen Grundregeln mancher Therapien ähneln. Welche Parallelen sehen Sie da?

Das bezieht sich auf die Kernbotschaft Jesu: Anderen Menschen helfen, Gutes tun, nicht töten, nicht schädigen, anderen vergeben, nicht aggressiv sein, nicht heucheln und lügen, seinen Nächsten lieben wie sich selbst. Einmal sehe ich eine gewisse Ähnlichkeit mit den drei Grundhaltungen von Carl Rogers, die sich in der Psychotherapie, aber auch in sonstigen zwischenmenschlichen Beziehungen, etwa in der Partnerschaft, als wirksam und hilfreich erwiesen: einfühlendes Verstehen der seelischen Welt des anderen, Achtung, Wärme, sich sorgen sowie Aufrichtigkeit. Darüber hinaus entsprechen manche Befunde der allgemeinen Psychologie den Botschaften Jesu, zum Beispiel: Wer sich selbst annehmen – lieben kann, der kann andere eher annehmen.

Eine weitere Botschaft Jesu ist, anderen und sich selbst zu vergeben. In der Psychotherapie wird Vergebung wenig beachtet, eher halten manche Therapeuten ihre Klienten sogar an, etwa ihren Eltern oder ihrem Partner die Schuld zuzuweisen und ihnen nicht zu vergeben. Ich habe gerade mit einer Diplomandin eine Untersuchung beendet, ob und wie Menschen vergeben. Dabei stellte sich heraus: Vergeben ist im Leben vieler Menschen ein sehr wichtiger seelischer Vorgang. Offensichtlich haben wir ihn in der Psychotherapie und in der allgemeinen Psychologie bisher vernachlässigt. Viele der von uns Befragten sagten: Wenn ich anderen vergeben kann, dann empfinde ich Frieden und Erleichterung. Ich kann das Geschehen akzeptieren, neue Schritte in die Zukunft tun. Vergeben bedeutet dabei nicht, etwas zu beschönigen oder die Augen zuzumachen. Häufig war das Vergeben mit intensiven Bemühungen und innerer Selbstauseinandersetzung verbunden. Beeindruckt bin ich, daß manche so schwer vergeben konnten und wollten. »Ich werde niemals meinem Partner, der sich von uns getrennt hat, vergeben, niemals!« Hier sind häufig Bitterkeit, Haß und Wut vorherrschend. Wir Psychologen könnten uns also überlegen: Wie können wir Menschen helfen und es ihnen erleichtern, anderen zu vergeben, wenn sie dies wollen. Hierzu nannten unsere Befragten etliche Möglichkeiten, zum Beispiel: den eigenen Standpunkt überprüfen, sich in die seelische Situation des anderen einfühlend hineinversetzen, die eigenen Anteile sehen, Mitleid mit dem anderen haben, nicht auf der eigenen Position verharren.

Noch etwas hat mich sehr beeindruckt: Menschen, die seelisch beeinträchtigt sind, fällt es wesentlich schwerer, anderen zu vergeben.

Oder eine andere ethische Botschaft Jesu, die manche heute naiv finden werden: Gib, auf daß dir gegeben wird. Auch hierzu gibt es psychologische Entsprechungen: Bei der Befragung freiwilliger Helfer in den USA, die Sterbende begleiteten, ergab sich, daß das Helfen bei den Helfenden oft zu einem Gipfelerlebnis führte, zum Beispiel unter anderem auch psychosomatische Symptome minderte. Die Befunde legen nahe: Wenn ich wirklich anderen helfe, dann helfe ich oft unmittelbar auch mir selbst.

Ich denke, das gilt auch für Sozialarbeiter und Psychologen: Wenn ihr persönliches Hauptmotiv ist, das Leiden anderer zu vermindern, dann »erhalten« sie mehr, als wenn sie ihre Arbeit nur als Job betreiben. Meine Arbeit als Wissenschaftler hätte mich wenig erfüllt und viel frustriert, wenn die Zahl der Veröffentlichungen, sogenannte Karriere oder Prestige mein Ziel gewesen wären. Dagegen hat mich das Ziel, Menschen mit wissenschaftlicher Forschung, Lehre und Praxis zu helfen, sehr aktiviert und erfüllt.

Liegt nicht gerade darin die Ursache so mancher Unzufriedenheit und so mancher psychischer Probleme, daß die Menschen etwas tun, um ein ganz individuelles Ziel zu erreichen? Wären

Reinhard Tausch, Jahrgang 1921, hat nach Abitur und sechsjährigem Militärdienst, nach Verwundung und Kriegsgefangenschaft begonnen, Pädagogik zu studieren. Während dieses Studiums in Göttingen begann er sich für Psychologie zu interessieren – angeregt durch Vorlesungen des Wahrnehmungspsychologen von Allesch – und nahm ein Psychologiestudium auf, das er mit einer Promotion über binokulare Raumwahrnehmung abschloß. Als Assistent bei Düker in Marburg lernte er die Arbeit von Carl Rogers kennen, die klientenzentrierte Psychotherapie. 1961 habilitierte sich Tausch an der Universität Marburg, und nach persönlichem Kontakt mit Carl Rogers schrieb er 1960 das Buch »Das psychotherapeutische Gespräch«, um die Grundzüge der Rogersschen Therapiekonzeption im deutschen Sprachraum bekannt zu machen (zu dieser Zeit lagen noch keine Übersetzungen der Werke von Carl Rogers vor).

1965 folgte Reinhard Tausch einem Ruf an die Universität Hamburg, wo er in der Folgezeit intensiv über Gesprächspsychotherapie forschte. Zusammen mit seiner Frau Anne-Marie Tausch und anderen Kollegen veröffentlichte er zahlreiche Bücher und Fachbeiträge über diese Untersuchungen.

Reinhard Tausch hat durch diese Publikationen, aber auch durch Fernsehsendungen und nicht zuletzt durch die Heranbildung einer ganzen Generation von Hochschullehrern an seinem Institut der Gesprächstherapie in Deutschland zum wissenschaftlichen und praktischen Durchbruch verholfen und sie als anerkanntes Verfahren fest etabliert.

wir psychisch stabiler, wenn wir mehr nach den »Grundbotschaften« leben würden?

Wenn wir deutlichere sozialethische Werte hätten und uns intensiver über den Sinn unseres Lebens auseinandersetzten: Warum lebe ich? Wie will ich meine kurze Zeit auf diesem Planeten nutzen? Was ist wesentlich? – dann wahrscheinlich würden wir befriedigender zusammenleben, einen gesünderen Lebensstil haben, erfüllter sein, die Natur weniger zerstören, weniger Tiere töten. Wie wir diese Werte bei vielen Menschen praktisch fördern können, besonders bei einem gegensätzli chen Verhalten etwa von Politikern in den Medien mit Unaufrichtigkeit, Neid, Machtstreben, darauf weiß ich keine befriedigende Antwort. Die bisherige Art von Institutionen und Kirchen, Werte zu vermitteln, »Du sollst«, »Du mußt«, »Es steht geschrieben«, scheint immer weniger wirksam. Vielleicht ist ein erster Schritt, daß wir uns bewußt werden, welche große Bedeutung ethische und religiöse Kognitionen für das Leben haben. Albert Einstein schrieb zum Beispiel: »Was die Menschheit Persönlichkeiten wie Buddha, Moses und Jesus verdankt, steht mir höher als alle Leistungen des forschenden und konstruktiven Geistes. Die Gaben dieser Begnadeten müssen wir hüten und mit all unseren Kräften lebendig zu erhalten suchen ...« Wenn wir dem zustimmen, werden wir vielleicht bei intensiven Bemühungen etwa durch Gruppengespräche und Meditation es Menschen ermöglichen, ihre sozialethischen Werte und ihren Lebenssinn zu entwickeln und zu klären.

Sie bedauern, daß die Psychologie wesentliche Bereiche des Lebens – wie zum Beispiel Religiosität oder Vergebung – unerforscht läßt. Wie schätzen Sie überhaupt den Stellenwert der Psychologie ein, was kann sie beitragen zu den wesentlichen Fragen des Lebens?

Ich denke, wir nähern uns dem Beginn einer wissenschaftlichen Psychologie. Zukünftig werden immer weniger alte ungeprüfte Vermutungen als »wissenschaftlich« ausgegeben und damit Menschen beunruhigt und geschädigt werden können. Langsam schreitet unsere Wissenschaft doch fort. Ich bin immer fasziniert, daß ich in amerikanischen Fachzeitschriften im Jahr doch etwa 100 Untersuchungen finde, die nur neue Einblicke in Seelisches geben. Wahrscheinlich werden dem gegenüber große Konzeptionen einzelner Wissenschaftler und Autoren zurücktreten – gewiß, es gibt Richard Lazarus, Aaron Beck, Arnold Lazarus und andere. Doch die meisten »Kontinente« sind entdeckt. Nun geht es darum, durch Forschungen die sehr vielen weißen Flecken zu füllen, und die Verbindung zwischen den »Kontinenten« herzustellen. Leider gibt es immer noch viele Untersuchungen in der Psychologie mit einem hohen Methodenperfektionismus, aber mit recht unwesentlichen theoretischen oder praktischen Fragestellungen. Wir müssen nach den Goldkörnern der psychologischen Forschung suchen. Solche Beiträge können helfen, daß unser Handeln den Klienten gegenüber, aber auch die Informierung der Bevölkerung zunehmend freier von Irrtümern wird. In den letzten 20 Jahren sind unsere Kenntnisse doch sehr angewachsen. Wenn ich etwa an die Streßforschung, die Erforschung der Bewältigungsformen von Belastungen und an die Verhaltensmedizin denke – in diesen Bereichen sind erhebliche Fortschritte gemacht worden.

(Mit Reinhard Tausch sprach Ursula Nuber)

Die Interviewer

DANIEL GOLEMAN hat in Harvard Psychologie und Physiologie studiert. Er war langjähriger Mitarbeiter von *psychology today* und ist heute Wissenschaftsredakteur der *New York Times*.

ELIZABETH HALL war bis 1988 Redakteurin bei *psychology today* und lebt heute als Autorin in Washington.

MARY HARRINGTON HALL hat Psychologie und Sozialwissenschaften studiert und war bis zu ihrem Tod 1984 Redakteurin bei *psychology today*.

SAM KEEN hat Theologie, Philosophie und Psychologie studiert, war mehrere Jahre Dozent an verschiedenen amerikanischen Universitäten und lebt heute als freier Autor in Kalifornien.

URSULA NUBER ist Diplom-Psychologin und arbeitet als Redakteurin bei »Psychologie heute«.

RÜDIGER RUNGE ist Diplom-Psychologe. Er war von 1979 bis 1984 Redakteur bei *Psychologie heute* und ist heute Mitglied der Leitung des Deutschen Evangelischen Kirchentages in Fulda.

CAROL TAVRIS ist Sozialpsychologin, war langjährige Mitarbeiterin bei *psychology today* und lebt heute als freie Autorin und Sozialwissenschaftlerin in New York.

Vera Stein

Abwesenheitswelten.

Meine Wege durch die Psychiatrie.

»Abwesenheitswelten«: dieses Buch ist die ganz reale Geschichte, ist das eindrückliche Dokument, ist sozusagen die psychiatrische Biographie einer jungen Frau, die volle vier Jahre ihres Lebens »hinter verschlossenen Türen« und auch in gänzlich »Geschlossener Abteilung« tatsächlich ver-bringen, buchstäblich ver-leben mußte. Der Verdacht auf »Jugendirresein« leitete für die damals gerade Fünfzehnjährige eine wahre Odyssee der Leiden ein, die mit der späten und glücklichen Entlassung aus der medizinischen Anstalt noch lange nicht vorüber ist.

»Dieser autobiographische Psychiatriebericht ist keine Abrechnung mit den hilflosen Helfern. Um so bestürzender liest sich, was die Autorin – alles andere als egozentrisch und selbstgerecht – über die Machtausübung hinter den Anstaltsmauern schreibt (...) über diese Erfahrung von Ohnmacht, Disziplinierung, Verständnislosigkeit.«
Peter Vorbach,
Schwäbisches Tagblatt

»Ein Buch wider ›die professionelle Mitleidlosigkeit‹, ein Buch gegen die ›trügerische Gleichsetzung von Normalität und Gesundheit‹«.
Gert Ueding, Die Welt

»Das Buch ist eine Art Pflichtlektüre für alle, die mit sogenannten psychisch Kranken umgehen, insbesondere aber für Psychiater. Es könnte auch allen anderen einen Anstoß dafür geben, sich über das Wesen der psychischen Krankheiten, oder was wir dafür halten, aufs neue Gedanken zu machen.«
Aus dem Vorwort von
Professor Dr. Reinhart Lempp

194 Seiten. br.
29,80 DM / 31,– sfr / 233,– öS
ISBN 3-89308-166-6

Attempto Verlag Tübingen

HEYNE BÜCHER

Jörn Pfennig

"Wer die Hoffnung nicht fahrengelassen hat, ob Mann, ob Weib, der findet in Jörn Pfennig einen Bruder, der einem ohne Theater vormacht, wie man sich selbst erkennt. Lies - und tue dergleichen."   Bayerischer Rundfunk

01/9071

Außerdem erschienen:

Grundlos zärtlich
Gedichte
01/8810

Keine Angst dich zu verlieren
Gedichte
01/8844

Wilhelm Heyne Verlag
München

HEYNE
BÜCHER

Menschen, die die Welt bewegten

»Was will man uns noch mit dem Schicksal! – Politik ist das Schicksal.«   Napoleon zu Goethe

Wilhelm Heyne Verlag
München